Tausend Meter Doppelklicken

Für Maren,
die mich auch schon mal
auf 'ne Idee gebracht hat ...

Berlin, d. 18. März 1997

[illegible]

Tausend Meter Doppelklicken

MIDAS VERLAG

Tausend Meter Doppelklicken

Dieter Grönling

51 Kolumnen aus der «taz»

Band 4 aus der Reihe MIDAS-Pocket

Lektorat: Anne Wieser

ISBN 3-907020-26-X

Erste Auflage 1997

Angaben zur Produktion:

Gestaltung: Agentur 21, St. Gallen/Zürich

Cover: Marcel Zellweger

Druck: Ebner, Ulm

Inhalt

Vorwort: Neukölln ist überall

In Neukölln liegen ständig Tretminen herum, und immer genau dort, wo Dieter Grönling vorbeigehen muß. Nein, nein, er tritt nicht drauf, er paßt schon auf. Aber es ärgert ihn. Besonders gefährlich sind sie übrigens nicht, die Tretminen, Dieter Grönling nennt sie nur so, es handelt sich um «Exkremente von Hunden». Das aber ist wieder so ein Wort, über das er sich stundenlang lustig macht. Können wir uns wirklich nicht vernünftiger unterhalten? Und sagen, was wir meinen?

Wir können. Er zumindest kann vernünftig darüber reden, auch über das Internet, über das zur Zeit fast niemand mehr vernünftig redet. Vielmehr scheint eine Art weltweiter Wahnsinn ausgebrochen zu sein. Die einen meinen, das Abendland gehe an den paar Computern zu Grunde, die an lahmen Telefonleitungen hängen, die anderen schwärmen von einer Revolution, die nur leider nicht auf Erden, sondern im Himmel der Datennetze ausgebrochen sei. Dieter Grönling glaubt davon kein Wort. Er kennt Computer und Datenleitungen schon ein bißchen länger, er liebt sie sogar, aber von Revolutionen, die dann doch bloß virtuell sind, hält er nun mal nichts.

Wo liegt Neukölln? Nicht nur in Berlin, Neukölln gibt es auch im Cyberspace, links neben dem Onliner Dreieck, und voll Tretminen ist es auch hier. Neukölln ist nun mal nicht ideal, man muß deshalb nicht wissen, wo genau es liegt. Neukölln kennt jeder, Neukölln ist der Alltag. Dieter Grönling hat sich nie darüber gewundert, daß der Alltag im Internet kein bißchen besser ist als der Alltag in Neukölln. Es gibt

Hausmeister, Abzocker und Angeber. Jeder will der Größte sein. Darüber kann Dieter Grönling in den Texten dieses Buches nur lachen, er spottet über den virtuellen und realen Unsinn, über die Dummuser, aber er weiß, daß sich dadurch nicht viel ändern läßt. „Welt Weit Grönling“ heißt deshalb seine Kolumne in der taz. Es ist überall dasselbe. Er nimmt sich trotzdem die Zeit, noch einmal geduldig zu erklären, wie die Dinge funktionieren, die man im Cyberspace wirklich braucht, die Computerprogramme, Modems, Telefone. Nicht, weil er alles besser weiß, sondern weil er denkt, daß ein bißchen Realismus auch in diesem Fall nicht schaden kann. Er hat recht. Wenn man weiß, wovon überhaupt die Rede ist, kann man sich viel dummes Gerede sparen.

Niklaus Hablützel

«Was auch immer geschieht,
nie sollst Du soweit sinken,
von dem Kakao, durch den man
Dich zieht, auch noch zu trinken.»

Erich Kästner

CompuServe ist nur der Anfang

Frau Saubermann hat gründlich zugeschlagen: Zum Jahreswechsel wurden nicht nur alle Newsgroups vom CompuServe-Rechner gelöscht, die mit *alt.sex* oder *alt.binaries.pictures* beginnen. Man hat auch gleich die Diskussionsgruppen der Lesben und Schwulen von der Platte geputzt. Prima, Jungs, weiter so! Das ist genau die antiseptische Atmosphäre, auf die wir im globalen Dorf schon lange warten.

Daß dabei deutsche Staatsanwälte ihre Finger im Spiel haben, ist kein Zufall. Es muß ein schrecklicher Gedanke in ihren Köpfen sein, daß es ein Massenmedium gibt, das keinerlei staatlichen Kontrollinstanzen unterliegt. Also müssen Gesetze her, die vorschreiben, was erlaubt ist und was nicht. Um sie im Parlament und vor allem in der Öffentlichkeit durchsetzen zu können, bedarf es im Vorfeld einiger Strategien. Das Rezept ist einfach: Man nehme ein paar spektakuläre Einzelfälle, ein paar geschickt lancierte Pressemeldungen, einen Bericht, ein Interview bei Nina Ruge – und schon steigen die Emotionen hoch und damit die Bereitschaft zu weiteren Kontrollmöglichkeiten. Das hat schon beim Großen Lauschangriff hervorragend funktioniert.

Als nächstes sucht man sich einen Internet-Provider und macht eine medienwirksame Hausdurchsuchung. Keinen von den kleinen, das würde versanden. Auch nicht die Telekom, die steckt mit Hotlines und Schmuddel-Btx selbst so tief im Sexgeschäft, daß man schwerlich Gut und Böse unterscheiden könnte. CompuServe ist ideal, von pornographischen Inhalten völlig unbelastet. Man konnte davon ausgehen, daß der Online-Dienst aus Columbus/Ohio mit Einwählknoten in allen größeren deutschen Städten mitspielt. Harten Sex hat es bei CompuServe noch nie gegeben, und Kinderpornographie schon gar nicht.

Und so kam es, wie es kommen mußte: CompuServe hat im Einvernehmen mit der Münchner Staatsanwaltschaft alles abgeklemmt, was irgendwie nach Sex aussah. Sehr medienwirksam und genau zum richtigen Zeitpunkt. So kurz nach Weihnachten sind die Leute für solche Themen sensibilisierbar.

Aber CompuServe ist nicht das Internet, und das ist gut so. Wenn das globale Dorf, der Cyberspace oder welche Metapher man auch immer benutzen möchte, für alles und jeden offen sein will, wird man nach Wegen suchen müssen, mit so extremen Auswüchsen wie Kinderpornographie umzugehen. Münchener Staatsanwälte und Manager von kommerziellen Online-Diensten sind dafür nicht zuständig und werden es hoffentlich auch nie sein.

TAZ 4.1.1996

Die Angst vor dem Super-DAU

Wie schön könnte das Leben sein. Nachmittags und am frühen Abend ein wenig arbeiten, später, etwa ab 2 Uhr, wenn es die Telekom erlaubt, im Web surfen, Nachrichten lesen, Ideen mit Leuten in aller Welt austauschen, die sonst niemand hören mag. So werden die Nächte lang. Lästig sind die Ladenschlußzeiten. Um sechs macht Bolle zu, da muß man sich schon den Wecker stellen.

Noch lästiger ist der gemeine DAU, der dümmste anzunehmende User. Seit die Medien mit voller Breitseite über Begriffe wie «Information Superhighway», «Internet», und ähnliches dozieren, ohne daß die meisten Autoren die leiseste Ahnung davon haben, glauben Kreti und Pleti schon dazuzugehören, wenn sie zweihundert Mark auf den Tisch des Modemverkäufers blättern.

Nee, Leute, so einfach ist das nicht. Das merken sie dann zu Hause. «Hey, ich hab' mir ein Modem gekauft!» tönt es aus dem Telefonhörer. Ich hätte schon am Klingeln merken müssen, daß das nicht gutgehen kann. Der Mensch hat gestern noch nicht gewußt, wie er eine Seitenzahl in seiner Textverarbeitung positioniert. Und nun das. «Ach!» – eine andere Antwort fällt mir absolut nicht ein. «Ich dachte, daß ich mich mal im Internet einlogge ...» Weia, wo hat er das gelesen? DFÜ-Sonderheft? «Und was hab' ich damit zu tun?» frage ich folgerichtig. «Du hast doch Ahnung ...»

Genau da liegt das Problem. Die Hersteller von Hard- und Software sind immer noch nicht in der Lage, ihre Produkte so zu gestalten, daß ein normaler Mensch auf Anhieb damit umgehen kann. «Plug & Play» ist ein Marketing-Märchen. Richtiger wäre «Plug & Pray» – anstöpseln und beten. Alte Internet-Hasen wissen das und veröffentlichen die FAQs, die frequently asked questions, eine Zusammenfassung der am häufigsten gestellten Fragen zu Modem, Internet und allem, was dazugehört. Nur liest das niemand, vor allem nicht der gemeine DAU. Der will nicht lesen, sondern haben und machen. Und freundliche Halbwissende mit nächtlichen Anrufen belästigen.

TAZ 18.01.1996

Stau am Onliner Dreieck

Kostenbewußte Bahnreisende kennen das Problem: Wer mit dem billigen Wochenendticket die Erbtante in Schlottach-Wombach besuchen möchte, muß mit endlosen Schlangen vor den Fahrkartenschaltern rechnen. Ist er dann endlich am Bahnsteig angelangt, sind die Züge oft hoffnungslos überfüllt und obendrein verspätet. Und wer sich am ersten Ferientag auf bundesdeutsche Autobahnen traut, ist selber schuld.

Neuerdings kommt es allerdings auch auf dem vielbeschworenen «Information Superhighway» immer häufiger zum Stau. Seit kommerzielle Online-Dienste wie AOL, MSN und T-Online mit scheinbar preiswerten Angeboten und (bis auf die wegzensierten Newsgroups) vollem Internet-Zugang locken, tönt das Besetztzeichen immer öfter aus dem Modemlautsprecher.

Da wird man zum HB-Männchen und greift zur Beruhigung nach acht Jahren Online-Banking wieder zum Überweisungsformular samt verdrecktem Durchschlagpapier – weil man feststellt, daß der Bankrechner nach Mitternacht, also in den Zeiten relativer Online-Ruhe, neuerdings mit internen Abrechnungen beschäftigt ist und daher den Zugriff verweigert.

Besonders kraß ist das bei CompuServe. In den Abendstunden, wenn die etwas gemäßigteren Telekom-Tarife gelten, hat man bei vielen der Einwählknoten praktisch kaum eine Chance, eine stabile Verbindung zu bekommen. Beim Berliner Knoten ist das besonders schlimm und passiert einem natürlich immer dann, wenn gerade mal wieder ein eiliger Text verschickt werden soll oder wichtige Mail erwartet wird. Wer aus beruflichen Gründen seine Daten problemlos und schnell über die Leitung schicken muß, wird in solchen Situationen auch schon mal einen der relativ zuverlässigen Knoten in München oder Frankfurt anwählen. Und damit wird der vermeintliche Preisvorteil (9,95 Dollar im Monat inklusive fünf Stunden Onlinezeit) wieder von der Telekom aufgefressen.

Da hilft nur lautstarker Protest bei CompuServe in Unterhaching. Es ist einfach ein Unding, mit riesigem Werbeaufwand und Internet-Zugang zigtausend neue KundInnen zu werben, ohne die dann erforderlichen Rechnerkapazitäten bereitzustellen. Ein Rechtsanspruch auf eine freie, stabile Leitung mit adäquaten Übertragungsraten besteht für CompuServe-KundInnen nicht.

Wem es in erster Linie auf das Internet ankommt, der ist mit einem reinen Internet-Provider ohnehin besser bedient. Der holt nämlich die Online-taz und andere interessante Web-Seiten direkt und schnell von den entsprechenden Servern und quält sie nicht erst vom CompuServe-Rechner in Columbus/Ohio über den Atlantik.

TAZ 25.01.1996

Neue Ego-Prothesen

D-Netz-Handys sind mega-out. Noch im letzten Sommer galten die kleinen Funktelefone als Nonplusultra der Ego-Prothetik – unterstrichen sie doch im geeigneten Moment die Wichtigkeit ihrer Besitzer. Heute kann man damit niemanden mehr beeindrucken, jeder hat inzwischen so ein Teil. Die Geräte werden als lästig empfunden, und Firmen, bei denen man wichtige Anrufe zur richtigen Zeit oder piepsende Attrappen bestellen kann, klagen über rückläufige Umsätze. An die Stelle der Handys ist die E-Mail-Adresse getreten. «Mailen Sie mir das doch gleich mal rüber!» Wer dann keinen Mailanschluß hat, der wird schief angeschaut.

In Amerika ist das schon lange Usus: Wird man dort nach der Anschrift gefragt, ist fast immer die E-Mail Adresse gemeint, nicht die der Schneckenpost. Und wie im normalen Leben gibt es feine und weniger feine Adressen. «compuserve.com» oder «t-online.de» klingt für Internet-Veteranen wie Kottbusser Damm und verursacht Naserümpfen. Angesagt sind kurze, einprägsame Adressen mit wenig Punkten dazwischen. Das klingt nach Elbchaussee. Hinterwäldler mit einer profanen Faxnummer können da nicht mithalten.

Neuester Schrei ist die eigene Homepage im World Wide Web. Sie wird dem Handy endgültig den Garaus machen, auch wenn sich das anders materialisiert. Und so drehen sich die Gespräche am Kneipentisch immer öfter um dieses Thema: «Ei dann hab isch gleisch meim Prowweidä gemehlt...»

Die eigene http-Adresse auf dem Briefbogen macht Eindruck. Sie zeigt, daß der Besitzer mit beiden Beinen auf der

Vorspultaste steht. Fast forward – wir sitzen noch vor der ersten Reihe. Auf vielen Uni-Rechnern und vor allem bei CompuServe kann man sich das anschauen (*http://ourworld.compuserve.com*). Der Online-Dienst betreibt den vermutlich weltweit größten Server mit persönlichen Homepages. Jeder Kunde kann seine privaten Seiten kostenlos ins Netz stellen. Immerhin haben Homepages gegenüber Handys einen Vorteil: Sie nerven nicht, die Konfrontation ist freiwillig. Und sie animieren zu Kreativität. Handys haben nichts Kreatives.

Dummerweise sind es gerade die Seiten einiger deutscher User, die etwas vertrocknet daherkommen. «Hallo, wir sind Nicole und Manni, und wir helfen euch, wenn ihr Probleme mit Windows habt.» Sie wirkt auf dem Online-Foto ja noch recht sympathisch. Er hingegen sieht aus, als würde er gleich in seinen Manta springen, um an der nächsten Ampel mit dem Handy herumzuspielen.

TAZ 01.02.1996

Nachbar, das Bildchen ...

Reiner hat ein anklickbares Bildchen (auf neudeutsch: Icon) für meine Homepage entworfen. Da ich es sofort sehen will, schickt er es als Anhängsel (Attachment) einer E-Mail über das Internet. Der für die Verteilung elektronischer Post zuständige Rechner (Mailserver) steht auf der anderen Seite des Atlantik. Aber das ist purer Zufall und – technisch gesehen – ziemlich egal. Trotz verstopfter Datenleitungen habe ich das Bildchen nach ein paar Minuten auf dem Monitor.

Das einzig Bemerkenswerte an diesem fast schon alltäglichen Vorgang: Reiner wohnt nur ein Haus weiter. Statt das Bildchen zweimal über den Teich zu jagen, hätte es mein Nachbar aus der Nummer 27 auf eine Diskette kopieren und vorbeibringen können. Ganz sicher hätte er auch einen Espresso gekriegt, so wie ich es immer mache, wenn nette Leute vorbeikommen. Und ganz sicher hätten wir ein oder zwei Stündchen zusammengesessen und uns erzählt, welche Macken wieder bei Windows aufgetaucht sind und was der Supermarkt gerade im Angebot hat.

Statt dessen sitzen wir vor unseren Kisten und teilen uns solche Dinge nur per E-Mail mit. Bei großen Entfernungen ist das auch wunderbar. Aber bei aller Begeisterung für die Technik: Niemand hat bisher ernsthaft behauptet, daß sie alle Möglichkeiten der menschlichen Kommunikation ausschöpfen kann. Es kommt auf die Kleinigkeiten an, auf den erstaunten Blick, das nachdenkliche Grübeln, das laute Lachen. Worte sind nur ein Teil davon, der ganze Rest läßt sich per E-Mail einfach nicht transportieren. Und die hohe Kunst des Briefeschreibens haben die meisten von uns im Zeitalter von Telefon, Fax und E-Mail einfach verlernt.

Was auf neudeutsch «Emoticons» heißt und in privaten E-Mails wie auch in Newsgroups benutzt wird, ist nicht mehr als ein kläglicher Versuch, Gefühlsregungen in Zeichen zu fassen. Kläglich vor allem deshalb, weil diese Zeichen vom Schreiber bewußt eingesetzt werden müssen und damit spontane Reaktionen ausschließen. Kläglich aber auch, weil man sich von den 86 Emoticons, die es angeblich gibt, ohnehin nur drei merken kann:

:-)Schreiber lacht
;-) Schreiber drückt ein Auge zu
:-(Schreiber ist sauer

Vielleicht sollte man einfach hin und wieder den Rechner einfach ausschalten und mit den Reiners dieser Welt um die Häuser ziehen. Am Tresen der Kiezkneipe findet bei einem Bier oder zweien eines ganz sicher statt: Von den Zwängen der Technik befreite, naturbelassene, zwischenmenschliche Kommunikation.

TAZ 08.02.1996

Gestörter Schlaf der Gerechten

von Niklaus Hablützel

Dieter, der sonst hier schreibt, hat mich aus dem Bett geklingelt. Nun gut, es war Samstag nachmittag, aber einmal will ja auch der Netzbewohner schlafen. Der Teufel sei los, sagt er am Telefon, überall schwarze Webseiten.

Ach Dieter, mein Freund, geh wieder online. An diesem Samstag hatte die taz das blaue Band schon als Link in die digitale Ausgabe gesetzt. «Free Speech Online», meine Zeitung ist solidarisch mit allen digitalen Bürgerrechtlern der USA, und was mich angeht: Es lebe der Schlaf der Gerechten. Klick drauf, Dieter, habe ich gesagt, dann kannst du alles lesen über den Decency Act, den Bill Clinton unterschrieben hat, über die Blue-Ribbon-Campaign und warum der Börsenrenner Netscape mitmacht. «Netscape stands for open standards» – reicht das nicht?

Nein, Dieter hatte recht mit seinem Anruf. Wir müssen alarmiert sein. Auch wir. Es gibt nur eine einzige Freiheit der Rede, meine und deine sind dieselbe, sie ist unteilbar. Das liegt nicht an der amerikanischen Verfassung, sondern an der Logik des Begriffs. Und ohne Freiheit der Rede wäre das Internet nur ein überflüssiges Spielzeug für reiche Leute, die sich nichts zu sagen haben. Die Wahrheit würden wir nicht erfahren, weder über uns, noch über die anderen, deren Meinung wir nicht teilen. Warum ist das so schwer zu verstehen?

Ich weiß es nicht, hole die Zündel-Site auf den Schirm, lese, dann wird es mir zu dumm. Wer den Neonazis wirklich schaden will, sollte das Zeug zur Pflichtlektüre machen. Soll ich mich lieber mit Pornos vergnügen? Was amerikanische Politiker für unanständig halten, war mir bisher egal. Jetzt muß es mich plötzlich interessieren, und mein schöner Nachmittag ist ziemlich versaut.

Dabei ist das nur der Anfang. Der Decency Act ist lächerlich. Er wird daran scheitern, daß er vorschreibt, jede einzelne Webseite zu prüfen. Zum Glück schafft das kein Mensch. Die Deutschen werden das anders machen, grundsätzlicher. Deutsche Gerichte werden alles gleichzeitig verbieten: die Zensur ebenso wie das Verbreiten von Kinderpornos und Zündelseiten. Problem gelöst, Staat sauber, Patient tot.

Leider gibt es das eine nur, wenn es das andere gibt, die Meinungsfreiheit nur mit Zündelseiten und Kinderpornos. Das ist nicht schön, aber wahr, und übrigens nützlich, wenn man wirklich die Täter verhaften will, die Zündels und die Menschenhändler. Solange Staatsanwälte, Gerichte und Politiker das nicht begriffen haben, solange bleibt das amerikanische Blaue Band der Redefreiheit in der taz. Seit heute steht es auf der Homepage.

TAZ 15.02.1996

Vom Zappen und Surfen

Kommt im Kabelfernsehen mal ein Beitrag, der ausnahmsweise Aufmerksamkeit und Nachdenken erfordert, oder gar ein Werbeblock: ZAP – weg isser. Meine Lebensgefährtin ist konsequent. Wenn ich die Fernbedienung unter den Zeitungen vergraben habe, sucht sie den «Zappomat» – sie ist ständig auf der Flucht vor Werbespots.

Im Web ist an die Stelle der Fernbedienung die Maus getreten, und statt 30 Kanälen habe ich ein paar Millionen. Da macht das Zappen erst richtig Spaß. Nur daß ich auf die Werbung ausdrücklich draufklicken muß. Warum übertragen die Provider nicht alle halbe Stunde ein paar Werbeseiten? Die «Langnese Kaltzeitpage» zum Beispiel? Technisch wäre das kein Problem, die Gewinne ließen sich maximieren, und ich könnte mir – rein virtuell – zwischendurch mal einen noggern.

Doch noch ist es nicht soweit, es bleibt beim Mausklick. ZAP. Amerikanische Firmen gestalten ihre Seiten wenigstens so, daß auch Johnny Loser seinen Spaß hat. Und die meisten haben kein Problem damit, das blaue Band gegen den Decency Act zu zeigen.

Nur hierzulande tut man so, als würde uns das nichts angehen. Hauptsache, man hat seine Homepage. Klickt man tatsächlich drauf, bietet sich ein grauenhaftes Bild. Wen interessiert schon die Rede des Papierwarenherstellers Herlitz oder der Geschäftsbericht der Farbwerke Hoechst? ZAP.

Die Webseiten deutscher Fernsehsender sind auch nicht besser: Öde Selbstdarstellung. Wenn ich Nachrichten brauche, zappe, pardon, klicke ich auf CNN (Chicken Noodle

News). Um in das dezent gekachelte Maggi-Kochstudio zu gelangen, muß ich einen Fragebogen durchklicken. Natürlich bin ich von Beruf Ernährungsberater und habe noch nie etwas gegessen, weder beruflich noch privat. Doch die Kacheln sind enttäuschend, neben den üblichen Infos stehen «Rezepte mit Pfiff» – gewürzt mit den Produkten dieser Firma. Nein, ich werde auch heute nichts essen. ZAP.

TAZ 22.02.1996

Grinsen, Ducken und Rennen

Manchmal glaube ich, daß ich es nur mit Idioten zu tun habe. Was der Ölteppich der «Sea Empress» mit der walisischen Küste macht, das machen vermeintliche Internet-Spezialisten mit der deutschen Sprache. Und wenn man dann noch liest, daß die deutsche Rechtschreibung auch im Hinblick auf die elektronische Kommunikation reformiert wird, kann einem endgültig übel werden. Anglizismen, wo man hinschaut. Warum muß ich denn etwas «mailen» – ich kann es doch einfach «schicken». Das geht genauso schnell und vergewaltigt nicht unsere Sprache.

Auch ich will nicht alles eindeutschen. «Folienspeicher» für Diskette, «Rollkugeleingabegerät» für die Maus und «Lichtpunktanzeige» für den blinkenden Cursor sind abschreckende Beispiele dafür, wie in der DDR mit der deutschen Sprache umgegangen worden ist. Englische Fachbegriffe beschreiben die Dinge meist knapper und präziser. Aber sie halten viele davon ab, sich mit den Möglichkeiten moderner Kommunikation auseinanderzusetzen. In dieser Hinsicht ist CompuServe besser als das Internet. Man installiert den ganzen Sermon, klickt auf das, was man haben will, und verschwendet keinen Gedanken an Übertragungsprotokolle, Login-Scripts, und ähnlichen Kram.

Im Internet ist das anders, das hat historische Gründe. Ganz schlimm sind die an allen Ecken auftauchenden, kryptischen Abkürzungen, die sich in die E-Mails (Pardon: Elektronische Briefe) einschleichen. «GD&R» ist ja noch ganz lustig: grinning, ducking and running. Aber wer «CUL8R» (see you later) schreibt, darf hierzulande nicht damit rechnen, verstanden zu werden. Mißverständnisse sind vorprogrammiert. Gopher, ein Informationssystem, wird in allen Publikationen zum Internet mit «Taschenratte» übersetzt. Ein Leserbrief im btx-Magazin brachte es an den Tag: Ein Gopher ist ein Springer, also einer, der dort eingesetzt wird, wo man ihn braucht. Bingo!

Und was soll der Welt Weite Wahnsinn mit den großen W's? Der World Wide Web Worm setzt noch einen drauf und kriecht auf vier Ws durchs Web, alles verschlingend, was ihm in die Quere kommt. Vielleicht sollte ich endlich mit den ganzen Multimedia-CD-ROMs zum Internet das veranstalten, wovon ich schon lange träume: den Weit Wurf-Wettbewerb. Der ist dann wirklich interaktiv. Oder wie mein alter Freund Professor Karl Himmelmann in Cottbus bemerkte: Dreh die drei Buchstaben einfach um, dann hast Du den Begriff, den schon in der DDR alle kannten: Die Messe der Meister von Morgen.

TAZ 29.02.1996

Das Alka-Seltzer-Kontinuum

Wenn in den Weiten des Internet virtuelle Räume existieren, dann muß das auch für die Zeit gelten. Folglich ist es legitim, über Dinge zu berichten, die erst in ferner Zukunft oder überhaupt nicht passieren. Begeben wir uns also in das virtuelle Kontinuum von Raum und Zeit und sammeln Eindrücke von der diesjährigen CeBit, die wie immer nächste Woche stattfindet. Das einzig wirklich Wichtige sind die Partys; sie stärken den müden Wanderer. Also besuche ich am Vorabend der Eröffnung die «Burn In Party» des Softwarehauses Symantec.

Die dafür angemietete Innenstadtkneipe ist hoffnungslos überfüllt, der Türsteher überfordert, und so dauert es an die zwanzig Minuten, bis ich zu Bier, Schnittchen und Chili vorgedrungen bin. Unterwegs treffe ich Carsten, der mir Partytips für die ganze Woche ins Ohr brüllt. Es wird eine lange Nacht. Das Katerfrühstück am nächsten Morgen ist das einzige, was ich an diesem Tag mitbekomme. Über Produkte und Neuheiten wird nicht geredet, die kennt sowieso jeder. Am Abend geht es dann in die Music-Hall von Hannover – der Ziff-Verlag, CompuServe, Nina Ruge und Franziska van Almsick! Eine Einladung habe ich nicht. Da alle mit Namensschildern herumrennen, nehme ich ein Alka-Seltzer-Briefchen vom Katerfrühstück, stecke es in die Plastikhülle und hefte es ans Revers. Wieder eine lange Nacht. Die Band ist hervorragend, das Essen exquisit, und wer mein Plastikschild mißtrauisch beäugt, den beruhige ich mit Schulterklopfen und den Worten: «Freunde nennen mich Al.»

Kaffee ist die Messedroge, ohne ihn überlebt das keiner. Leider gibt es ihn nicht überall. Die Hallen sind überfüllt, die Schlangen lang, und an den Ständen sind sie auch nicht mehr so freigebig. Also muß ich wieder eingeladen werden, am besten in einer ruhigen Halle, in der noch Luft zum Atmen bleibt. Dort, wo man Geldautomaten an Banken verkauft, ist es ideal. Ich binde die Krawatte um, studiere Prospekte, um für den Blafasel gewappnet zu sein und spiele den interessierten Entscheidungsträger. «Dürfen wir Ihnen einen Kaffee anbieten?» Man darf.

Auf dem Rückweg will mir jemand eine Internet-Komplettlösung verkaufen. Ich verstricke mich in eine Diskussion, weil ich felsenfest davon überzeugt bin, daß zu jeder Lösung auch ein Problem gehört, bei kompletten allemal. Die junge Dame gibt es irgendwann auf und erzählt, daß sie Biologie studiert und das nur nebenbei macht. Auch ich mache das nur nebenbei und begebe mich zur Standparty bei Sybex. Dort gibt es wenigstens richtiges Bier. Und Schnittchen.

TAZ 07.03.1996

Die Hierarchie der Bahnhöfe

Wenn die computergesteuerten Züge der Bahn so zuverlässig sind wie die Zugauskunft in den diversen Online-Diensten, bleibe ich lieber gleich zu Hause. Da will ich nichts weiter, als von Berlin (Zoologischer Garten) nach Paderborn (Hbf) reisen, weil jemand auf die Idee kam, mich übers Wochenende einzuladen. Also werde ich das Internet um die Zugauskunft beklicken. Zum Stichwort «Bahn» findet meine Suchmaschine auch gleich 36 Einträge. Die meisten zu «Infobahn», aber auch «Interbahn», «Schlitterbahn», die persönliche Homepage eines Herrn Bahnemann – bis hin zu den 25 Hirtenbriefen der katholischen «Datenautobahn-Kirche». Dann kann ja nichts schiefgehen.

Die Homepage der Bahn AG entpuppt sich als die Übung eines Designstudenten im ersten Semester. Ein Bahngleis über drei, vier Bildschirmseiten, links und rechts davon anklickbare Bildchen. Nach nur zehn Minuten habe ich das komplett auf dem Bildschirm. Nett, aber eigentlich wollte ich doch nur wissen, wann dieser verdammte Zug fährt. Vielleicht ist das ja bei CompuServe besser? «Übertrage 2 von 2 Grafiken. Bitte warten...» Dann weiß ich nicht, ob ich auf «Bahn Service-Terminal» oder «DB Aktuell» klicken soll.

Ich entscheide mich für ersteres, das erweckt Vertrauen. Übersichtliche Textfelder, aber die Anmeldung zum Bankeinzug erspare ich mir doch. Doch dann geht es los: Ich kann in Bielefeld, Hannover oder auch in beiden Orten umsteigen. Ich muß es nur anklicken. Plötzlich kommt die Meldung: «Abfahrtsbahnhof und Zielbahnhof durch gleichgesetzten Bahnhof ersetzt.»

Was ist denn nun passiert? Um von Berlin nach Berlin zu gelangen, muß ich nicht über Paderborn fahren. Oder doch? Oder gibt es eine Hierarchie der deutschen Bahnhöfe, die mich nicht nach Paderborn fahren läßt, weil der dortige Hauptbahnhof unter dem Bahnhof Zoo rangiert? Ich gebe es auf und werde beim «Abbruch» noch gefragt, ob ich diese Reiseroute denn jetzt löschen will? Da es schon immer mein größter Wunsch war, das Kursbuch der Bahn so zu gestalten, daß es mir in den Kram paßt, klicke ich auf OK.

Ein letzter Versuch bei T-Online (BTX). Dort will man mich über Kassel schicken. Dafür darf ich mit dem ICE fahren. Das ist verlockend, aber teuer. Ich ziehe den Stecker und gehe ins Reisebüro. Die junge Dame bedient mich freundlich, findet eine bequeme Verbindung für Hin-und Rückfahrt und weist mich noch darauf hin, daß es deutlich billiger wird, wenn ich die Spartarife in Anspruch nehme ...

TAZ 14.03.1996

Das interaktive Branchen-Plug-in

Vielleicht hätte man Franziska van Almsick den Unterschied zwischen Schwimmen und Surfen noch mal erklären sollen. Was sie beim «Interaktiven CeBIT-Branchentreff» bei der Verleihung der Preise für die Innovationen des Jahres geboten hat, war eher peinlich. Dank Nina Ruge (Interaktiv!) hat es dann doch noch geklappt, und die versammelten Insider (oder wer sich dafür hielt) waren zufrieden.

Auch zwei CompuServe Online-Preise wurden auf der CeBIT 96 verliehen. Aber statt wirklich Engagement, Ideenreichtum und Kreativität auszuzeichnen, gingen sie an irgendwelche Softwarefirmen. Knapp vorbei ist auch daneben – da hilft keine Schwimmerin (Surferin?), keine Nebelmaschine und auch keine d-Moll- (nicht E-Mail-) Fuge aus dem Midi-Keyboard.

Nach Cyberhelm und Datenhandschuh, Multimedia und Windows 95 in den vergangenen Jahren war diesmal «Internet», das Zauberwort von Hannover. Kaum ein Messestand ohne Anschluß, auch wenn oft nur ein paar müde Werbeseiten von der Festplatte geschaufelt wurden. Und überall Netscapes Browser, außer bei Microsoft, dort hat man einen neuen «Explorer» ins Feld geschickt. Aber diesmal wird es Mr. Gates schwer haben – Netscape erfüllt so ziemlich alles, was das Surferherz begehrt.

Nur drängt sich dabei der Gedanke auf, die CeBIT doch gleich komplett ins Web zu verlegen. Das erspart Streß und Geld, und man könnte in Ruhe von einem Stand zum anderen klicken. Um beigefarbene Blechkästen, Tastaturen und

Bildschirme zu sehen, muß ich nicht nach Hannover fahren. Auch auf den grellbunten Werbezirkus kann ich verzichten.

Es gibt jedoch einige gute Gründe, die dagegen sprechen. Allein die Insider-Partys sind die Reise wert. Dann die Leute – man erkennt sofort, wer dazugehört. Hoffnungsvolle Karrieristen aus der Computerbranche sehen tatsächlich so aus, wie man sie aus den Fachzeitschriften kennt: Fönfrisur und Fielmann-Brille, C&A-Anzug (Cheap & Awful) und Seidensticker-Hemd. Ständig unter Hochspannung und völlig im Streß – so sehr, daß ihnen entgangen ist, daß die schlabbrigen Bundfaltenhosen schon seit langem völlig out sind. Viele von ihnen sieht man vor den Hallen in ihre Handys brüllen. Ich habe noch nie so viele Ego-Prothesen auf einem Haufen gesehen. Aber man trifft auch nette Leute.

Am Rande ist mir noch aufgefallen, daß neuerdings alle von irgendwelchen «Plug-ins» reden – ein werbewirksamer Marketing-Begriff, der «Zubehör» meint, aber meist mit «Firlefanz» übersetzt werden kann.

TAZ 21.03.1996

Der Weitwurf-Wettbewerb

Es ist Frühling – zumindest im Kalender. Bäume zeigen erste Knospen, Hardwarepreise fallen, und ich lade den Akku meines D2-Fahrradtelefons. Die postcebitianische Jahreszeit ist angebrochen, die digitale Stadt, der internationale Schrebergartenverein, der Kinderzirkus und die Freunde der italienischen Oper bereiten sich auf Frühlingsfeste vor. Es wird getanzt, gefuttert und gespielt. Wem Sackhüpfen und Eierlauf nicht reichen, dem sei ein neues Spiel empfohlen: der interaktive Weitwurf-Wettbewerb.

Man benötigt dazu jede Menge ausgedienter CD-ROMs. Die aufzutreiben dürfte dem fortgeschrittenen PC-Benutzer nicht allzu schwer fallen: Fast jeder Computerzeitschrift ist eine beigeklebt, manchen sogar zwei oder drei. Die Installations-CDs von AOL und CompuServe, tausend tolle Tricks, tausend supercoole Websites und die tausend schärfsten Shareware-Programme. Auch die überflüssigen Versionen umfangreicher Software-Pakete eignen sich hervorragend. «Microsoft Plus» zum Beispiel, das nur das Plus in der Tasche von Bill Gates gemeint hat. Weg damit! Das Telefonbuch vom letzten Jahr und das Verzeichnis lieferbarer Bücher, das wegen des Gewichts hervorragende Flugeigenschaften besitzt. Der Otto-Katalog und die T-Online-CD. Das kleckert nur die Festplatte voll.

Weitgehend ungeeignet sind Musik-CDs – wegen der mitunter darin enthaltenen Untertöne. Aber Marusha und Heino (der Wahre!) fliegen auch ganz gut. Als absolut fluguntauglich haben sich das Rödelheim-Hartreim-Projekt und die neue

Netscape-Version entpuppt, wohingegen die Gonsbach-Lerchen und der MS Internet Explorer wahre Überflieger sind.

Extrem wichtig ist die Wurftechnik. Am besten wirft man die Scheibe – ganz interaktiv – wie einen Bierdeckel: Mit dem Zeigefinger umfassen und dann mit kräftigem Schwung etwas schräg nach oben. Bei günstigen Windverhältnissen lassen sich locker dreißig Meter und mehr erzielen.

Auch die Preise sollten attraktiv sein: Neben dem obligatorischen Sechserpack 18er Rundstutzen für das gemeine Volk könnte gut ein taz-Jahresabo mit CD-ROM ausgelobt werden. Äußerst amüsant und lehrreich ist auch die gerade erschienene Multimedia-CD mit Werken des Dadaisten Kurt Schwitters. Dem Event absolut angemessen ist jedoch die Monty-Python-CD, die außer Konkurrenz mitfliegen darf, weil sie schon etwas älter ist. Das ist zweifellos das beste Computerprogramm und interaktivste Multimedia-Produkt aller Zeiten. Es trägt den treffenden Titel «The Complete Waste of Time».

TAZ 28.03.1996

Immer Ärger mit T-Offline

Vielleicht werde ich mir den Spaß gönnen und ein paar AT&T-Aktien kaufen, wenn die Telekom im Herbst an die Börse geht. Deren Aktien kaufe ich jedenfalls nicht, soviel steht fest. Und wenn es die Herren Waigel, Sommer, Bötsch und Kröske auf dem Spiegel-Foto zum Börsengang am Zeigefinger juckt und beim Kratzen desselben etwas entsteht, was ein «T» symbolisieren soll, aber wie ein doppelter Effenberg aussieht, dann juckt es auch mich. Klammheimlich strecke ich ihnen den Effi mit dem richtigen Finger entgegen. Nein, die nach bester Abzocker-Manier durchgeführte Tarifreform habe ich noch nicht vergessen, die monatliche Telefonrechnung erinnert mich immer wieder daran. Da helfen keine Anzeigen und Werbespots, und da hilft auch kein Werbebrief, in dem ich aufgefordert werde, mich für den kostenlosen Informationsdienst zum Börsengang registrieren zu lassen.

Den jungen Mann auf dem Titel der Werbebroschüre scheint es ebenfalls am Finger zu jucken. Kein Wunder, denn auf Seite 3 wird T-Online als der «ultimative Online-Dienst» angepriesen und über Internet-Anschluß «ein direkter Zugang zum Wissen der Welt» versprochen. Nur funktioniert der nicht immer, wie er sollte. Das beginnt mit den katastrophalen Zuständen beim E-Mail-Verkehr. Der Mailserver ist oft stunden- und tagelang nicht erreichbar, dann braucht E-Mail oft länger als die gelbe Post, landet mitunter bei falschen Empfängern oder verschwindet ganz im T-Nirvana. Das Argument «Fehler bei der Adressierung» mag ich nicht gelten lassen, schließlich ist es kein Problem, das Ganze anwenderfreundlicher zu gestalten und je ein Eingabefeld für Name und Adresse einzurichten. Dann ist das sauber getrennt, der Name wird zwar übermittelt, bei der Adressierung jedoch nicht ausgewertet.

«Mit ISDN sprinten Sie durchs Internet», verspricht die Telekom. Fehlanzeige auch das: Selbst die T-Online-nahe Zeitschrift com! stellt fest, daß der Zugriff aufs Internet nicht schneller ist als mit einem herkömmlichen High-speed-Modem. Mag sein, daß die Ursache dafür nicht die Telekom, sondern das Internet selbst ist, aber dann darf man nicht solch irreführende Werbung betreiben. Mag auch sein, daß die Telekommunikation der Zukunftsmarkt überhaupt ist und daß die Aktie reale Chancen hat. Aber statt Millionen für Imagepolitur auszugeben, sollte die Telekom zuerst dafür sorgen, daß ihre Dienste gut und zuverlässig funktionieren. Sonst entpuppt sich die frischgebackene AG als das, was Online-Pioniere schon immer behaupten: ein Haufen von Telekomikern.

TAZ 04.04.1996

Internationale Provinz Berlin e.V.

Digitale Städte im Internet sind wie Spiegel: Man kann sie mit den realen Pendants vergleichen. Amsterdam zum Beispiel zeigt sich offen und freundlich; man hat das Gefühl, als Besucher und Tourist willkommen zu sein. Wie in der realen Stadt gibt es Straßen und Plätze, und wer sich nicht zurechtfindet, klickt auf einen der übersichtlichen Pläne. Sogar einen digitalen Fahrradweg gibt es, und im «het DigiStad cafe» wird per Internet Relay Chat mit Bewohnern und Touristen geplaudert.

In der «Internationalen Stadt Berlin e. V.» ist das anders. Schon das Intro wirkt wenig einladend, und die grafische Darstellung der Knoten und Verbindungen scheint eher das durchgestylte Organigramm eines Wasserwerks zu sein als der Plan einer urbanen Internet-Gemeinde. Wer die langen und mitunter komplizierten Erläuterungen nicht lesen mag, findet sich nie zurecht. Rot kennzeichnet den Kulturbereich, Blau den Service, und Grün verweist auf alles Stadtinterne, auf das virtuelle Touristen keinen Zugriff haben. So weit ist das noch recht einfach, aber es gibt auch Mischfarben und einen Navigator, dessen Funktion sich nicht gleich erschließt. Wenn ich hierhin und dorthin klicke, entdecke ich zwar viel Interessantes, aber ich werde den Eindruck nicht los, daß ich nicht so recht willkommen bin und daß man lieber unter sich ist. Vieles ist nur den «Bewohnern» vorbehalten, und das Ganze wirkt wie eine Mischung aus den Überresten von Kreuzberger Subkultur und elitärem FU-Gehabe.

«Die ‹Internationale Stadt› wird unter Berücksichtigung früherer sozialutopischer Stadtentwürfe ein funktionales

Modell für Stadtstruktur darstellen», heißt es in einem Text zu den Zielen. Er liest sich wie die (Erst-)Semesterarbeit eines Medienwissenschaftlers: aufgeblasen und weit weg von jeder Realität. Da wird die «bidirektionale Interaktion zwischen den BetreiberInnen und NutzerInnen des Systems» propagiert und anderer Verbalquark verzapft. Jeder Verleger würde einen solchen Text im großen Rundordner ablegen. «Besucher aus dem Internet bekommen einen authentischen Einblick in die lokalen Befindlichkeiten» – wenn das stimmt, scheint es den BewohnerInnen nicht sehr gutzugehen. Aber das glaube ich nicht, und vielleicht reicht es ja, wenn sie die «Internationale Stadt» ein wenig offener und freundlicher gestalten, so daß auch virtuelle Berlin-Besucher öfter mal hinklicken und nicht das Gefühl haben, daß es sich hier um eine geschlossene Gesellschaft handelt und das Internet ganz woanders liegen muß.

TAZ 11.04.1996

Der Experte muß es ja wissen

Zwischen dem, was das Internet tatsächlich ist, und dem, was die Medien daraus machen, besteht ein gewaltiger Unterschied. Und den vermögen nur die wahren Experten zu erkennen und einzuschätzen. Es vergeht kein Tag, an dem nicht irgendein Experte um sein Statement gebeten wird. Besonders die erste Reihe scheint eine Vorliebe für Experten zu haben, Sabine Christiansen ebenso wie Nina Ruge. Egal was passiert, ob der Düsseldorfer Flughafen abfackelt oder in Hamburg eine Bratwurst platzt, sofort ist ein Experte mit einem passenden Statement zur Stelle. Die müssen eine Expertendatenbank haben, und ich habe mir schon überlegt, wie ich mich da hineinschmuggeln kann – vielleicht werde ich ja herumgereicht und kann mir endlich die alte Villa kaufen.

Neulich ist es tatsächlich passiert: Eines Nachmittags rief die Redaktionsassistentin eines Fernsehsenders an (sagen wir, dritte Reihe), und bat mich, als Experte an einer Diskussionsrunde zum Internet teilzunehmen. Auf die Frage, wie sie denn auf die Idee komme, daß ausgerechnet ich ein Experte sei, schließlich klicke ich doch wie alle nur dumm herum, antwortete sie, daß ich doch jemand sei, der eine Meinung habe und diese auch kundtue.

Eine Meinung hat doch jeder, denke ich mir, aber das macht noch niemanden zum Experten. Wenn Rudi Völler am Bundesligasamstag den Ball versiebt, gibt es Millionen von Experten, die das besser gemacht hätten. Aber zu dieser Art Experte gehöre ich nicht. Vorsichtshalber behalte ich das für mich und frage, wer sonst noch kommt. Einen Programmierer hat sie eingeladen, einen jungen Hacker vom Chaos Club und eine begeisterte Surferin. Prima, nun fehlt ja nur noch der Neonazi mit extrem päderastischen Neigungen, dann haben sie einen repräsentativen Querschnitt durch das Internet-Klischee.

Sie macht mir klar, daß sie mich nicht als Vertreter einer Internet-Minderheit engagieren will, sondern als Experten, der die Dinge ins rechte Licht rückt. Das aber ist völlig unmöglich. Kein Mensch hat einen Überblick darüber, was überhaupt los ist und wie das alles funktioniert. Experten kann es nur in eng umgrenzten Teilbereichen geben, etwa in der Technik oder bei der Gestaltung von Websites. Alles andere ist illusorisch, das Internet mit seinen vielschichtigen Inhalten ist schneller gewachsen, als es ein einzelnes Gehirn aufnehmen kann. Aber genau das ist ja das Spannende daran, und vielleicht macht mich schon allein diese Erkenntnis zum Experten. Für ein 30-Sekunden-Statement reicht es allemal.

TAZ 18.04.1996

Adoptiert einen Vegetarier!

Würmer im Fisch, Salmonellen im Geflügel, Schweinepest und Rinderwahn – es gibt kaum noch etwas, was genußvoll und bedenkenlos verspeist werden kann. Und selbst beim Tofu-Schnittchen kann ich nicht mehr sicher sein, ob es nicht einer Genmanipulation unterworfen wurde. Was tun? Sich selbst versorgen? Im ersten Weltkrieg gab es in Berlin Balkonschweine, aber ich glaube nicht, daß meine Nachbarn so etwas dulden würden. Zum Vegetarier werden? Niemals! Dafür schmeckt es einfach zu gut, und wer weiß, was im Müsli wirklich drin ist?

Was sagt die Wissenschaft dazu? Wenn es eine Lösung gibt, finde ich sie im Internet. Und tatsächlich: Nach vielen mehr oder weniger gesunden Rezepten und heißen Tips stoße ich auf die Homepage von Ry4an Brase, Universität Minnesota (die 4 im Namen hat ihren Grund). Schon das Hintergrundbild läßt keinen Zweifel aufkommen: Artischocken und Paprika, Blumenkohl und Brokkoli. «Adopt a vegetarian!» – das ist die Lösung! Aus einer Liste von derzeit 357 Vegetariern kann ich mir einen aussuchen und auf der Stelle adoptieren. Einzige Bedingung: Ich muß versichern, von nun an doppelt soviel Fleisch zu essen wie zuvor, um den vegetarischen Effekt wieder auszugleichen. Genau das ist es, was ich gesucht habe! Ich schaue mir die Liste mit den zur Adoption freigegebenen Vegetarier-Promis an. Michael Jackson und Schopenhauer, Kate Bush und der Papst. Vielleicht entscheide ich mich für Madonna, die ist gerade schwanger, und ich kann die dreifache Portion essen.

Die Website ist gut, sie ist die adäquate Antwort auf den US-vegetarischen Hype. Man darf nur nicht den Fehler machen, den Begriff «gut» mit «sinnvoll» oder «nützlich» in Verbindung zu bringen. Das ist die BSE-Hysterie hierzulande auch nicht – die Wahrscheinlichkeit, an Alzheimer zu erkranken, ist viel höher als an Creutzfeldt-Jakob. «Adopt a vegetarian!» ist nichts weiter als die Umsetzung einer Idee, die entstand, als Student Brase versehentlich mit Tofu gefüllte Ravioli (igitt!) in der Cafeteria erhielt.

Doch Sites wie diese sind das Salz in der Web-Suppe, und ich möchte auf keinen Fall darauf verzichten. Vielleicht geben ja mal die Vegetarier die Fleischfresser zur Adoption frei oder die Nichtraucher die Raucher. Von den 357 Vegetariern sind 274 noch zu haben. Wer also einen Vegetarier adoptieren möchte, sollte schleunigst auf die mit dem Useless Webpage Award ausgezeichnete Site klicken und sich jemanden aussuchen: http://www.umn.edu/nlhome/m043/bras0023/veggie.html

TAZ 25.04.1996

Bananen für Beta-Junkies

«Begeben Sie sich mit dieser Vorabversion des neuen Netscape WWW-Browsers in die Welt der Datenkommunikation der nächsten Generation: ‚Atlas' bietet Ihnen als Nachfolger des beliebten Netscape Navigator viele Verbesserungen und Erweiterungen, unter anderem: Video- und Multimedia-Unterstützung, bunte Tabellen, 3D-Animationen und Telefonieren via Internet mit Cool Talk. Sehr sehenswert!»

So steht es im einschlägigen Forum bei CompuServe, und überall klingt es ähnlich. Das ist so richtig etwas für Beta-Junkies. Die Version 2 des Netscape-Browsers ist gerade mal seit der CeBIT am Markt, da wird schon die 3 angekündigt und die Betaversion zum Download bereitgestellt. Sechs Megabyte schwer – das kostet so manche Online-Minute und verstopft die Leitungen.

Dem Junkie ist's egal – Hauptsache, alles ist schön bunt animiert und, vor allem: neu! Daß es sich um eine «Preview» handelt, die alles andere als stabil ist und die exakt am 15. Juli ihren Geist aufgibt, weil das Verfallsdatum erreicht ist, ist ihm egal. Bis dahin gibt es sicher eine neue Preview – mit noch mehr Megabyte und noch mehr Schickies.

Wozu braucht er bunte Tabellen? Vielleicht, um seine Miesen bei der First Virtual in Rot betrachten zu können. Um eine Flugverbindung abzufragen, ist jedenfalls kein drehender Globus nötig, als Java-Applet, das sowieso nicht richtig funktioniert. Der Normalanwender (ich kenne einen!) hat ganz andere Probleme. Den Netscape-Browser gibt es in so vielen Varianten, daß kein Mensch mehr durchsteigt (außer dem Beta-Junkie vielleicht): als 16- und als 32-Bit-Version für beide Windows-Generationen, als «Gold 32» für alle, die es noch schicker haben wollen und noch mehr «Plug-ins» brauchen.

Aber nicht alles läuft mit jedem Winsock (das ist die alles tanzende, alles singende Windows-Datei, die hinter allem die Übertragungsprotokolle und TreiberInnen zur Verfügung stellt). Daran sollen sich schon welche zu Tode konfiguriert haben. Es ist schon kurios: Ich kann mir, um aktuell zu sein, die «Beta 7» von Netscape 2 holen – oder aber gleich die Preview der 3. Ob dann die mühsam zusammengeschaufelten Plug-ins noch funktionieren, weiß ich nicht: die Netscape Smartmarks, das IRC-Modul zum Chatten, und vor allem Shockwave, das einzige Modul, mit dem ich live und in Farbe internetmäßig hinter die Kulissen der Harald-Schmidt-Show blicken kann. Und wahrscheinlich gibt es nur einen, der das Ganze lustig findet: Billy the Gates von der Konkurrenz.

TAZ 02.05.1996

Mein Recht ist dein Recht

Letztes Wochenende erhielt ich eine E-Mail von der Waterkant. Sie ging wohl an viele Empfänger, und ich wurde darin aufgefordert, die Einrichtung einer neuen Usenet-Newsgroup mit dem Namen «rec.music.whitepower» zu erschweren, indem ich mit einer Mail an den zuständigen Wahlleiter gegen diese Newsgroup stimme.

Was ist passiert? George Burdi, «Führer» der amerikanischen neonationalistischen «Heritage Front» und einer der lautesten Schreihälse der nordamerikanischen Neonaziszene hat diese Newsgroup, in der über «White Power Music» diskutiert werden soll, initiiert. Er hat einen RfD-Text (Request for Discussion) verfaßt und ins Netz gestellt und schließlich einen CfQ (Call for Quote) erreicht, in dem alle aufgefordert sind, der Einrichtung dieser Newsgroup per E-Mail zuzustimmen – oder sie abzulehnen. Das ist Burdis gutes Recht, auch wenn es verdächtig nach Rassismus riecht. Jeder, der sich an ein paar Regeln und Verfahren hält, kann im Usenet (das allen World Wide Wahnsinnigen zum Trotz den wichtigsten, weil lebendigsten Teil des Internet ausmacht) eine neue Diskussionsrunde zu jedem x-beliebigen Thema anmelden und eröffnen.

Aber obwohl das hochdemokratisch aussieht: Kein News-Server ist verpflichtet, diese Diskussion auch den Usern zur Verfügung zu stellen. Das ist genau der Punkt, an dem Zensur beginnt und an dem sich Groß-Provider mit eigenem News-Server wie T-Online oder CompuServe als Saubermänner aufspielen. Ich bin mir deshalb nicht sicher, ob ich

Burdis Newsgroup wirklich ablehnen soll. Wenn ich für mich das Recht in Anspruch nehme, im Internet zu tun, zu lassen und zu schreiben, was ich will, muß ich dieses Recht auch anderen zugestehen – selbst wenn es sich dabei um Neonazis handelt.

Noch vor einem halben Jahr hätte ich anders darüber nachgedacht und dagegen gestimmt. Inzwischen versuchen aber andere, mir das Denken abzunehmen, und entscheiden, was gut für mich ist und was nicht: deutsche Staatsanwälte und amerikanische Politiker. Ich werde den Teufel tun und schon im Vorfeld Zensur ausüben, indem ich mit Nein stimme – auch wenn sich selbst fortschrittlich gesinnte Zeitgenossen bei den Reizwörtern «Pornographie» und «Neonazis» mehrheitlich für eine Zensur im Internet aussprechen. Nee Jungs, das ist ein Sisyphus-Job, den ihr euch selbst aufgehalst habt. Nun macht ihn auch selbst. Wer anderer Meinung ist, kann ja eine Mail an *music-vote@sub-rosa.com* schicken und mit «I vote NO on rec.music.whitepower» dagegen stimmen.

TAZ 09.05.1996

Virtuelle Hunde beißen nicht

Was Doggen, Dalmatiner, Schäferhunde und Promenadenmischungen so alles auf öffentlichen Straßen und Wegen hinterlassen, ist unglaublich. In Berlin, der Hauptstadt der Hunde, ist das besonders schlimm. Und alle Versuche, die stolzen Hundehalter (meist harmlos wirkende, bierbäuchige Zeitgenossen im Jogginganzug) unter Strafandrohung zur Beseitigung dieser übelriechenden Tretminen zu verpflichten, haben sich in der Praxis nicht durchgesetzt.

Während eines Spaziergangs durch Neukölln, bei dem ich natürlich wieder mal voll reingetreten bin, kam mir die Idee: Man müßte diese Viecher in den Cyberspace schicken – dorthin, wo sie niemanden erschrecken oder stören können und vor allem keine stinkenden Exkremente hinterlassen. Die virtuelle Internet-Gemeinde kann das sicher verkraften, und wer dann immer noch das Bedürfnis nach einem treuen Gefährten verspürt, kann einfach draufklicken.

Und da es in der virtuellen Welt nichts gibt, was es nicht schon gibt, werde ich auch sofort fündig: Bei «Dogz – Your Computer Pet» (*http://fido.dogz.com/ dogz/*) kann ich ein «Adoption Kit» laden und mir aus fünf Welpen einen aussuchen, dessen Herrchen ich sein möchte. Hach wie niedlich – ich kann per Mausklick mit Chippie und den anderen über den ganzen Bildschirm Ball spielen und werde per Soundkarte angekläfft.

Ich muß nur aufpassen, daß ich nicht gleichzeitig die Textverarbeitung offenlasse – wer weiß, was so ein junger Köter mit meiner Kolumne macht. Aber im Moment schnarcht er ganz friedlich in einer Bildschirmecke. Über die Dogz-Homepage kann ich mit anderen Hundebesitzern Erfahrungen austauschen und ihnen Bildschirmfotos meines Chippies zeigen – ganz so wie im richtigen Hundeleben. Eine Screenshot-Funktion ist zu diesem Zweck gleich eingebaut, und wenn ich Shockwave, ein multimediamäßiges Netscape-Plug-in habe, geht es erst so richtig los.

Und wenn Chippie eines Tages von uns geht, kann ich ihn sicher auf dem virtuellen Pet Cemetery begraben. Kein Pal, kein Chappi, kein Gassigehen – nur 20 Dollar für die Adoption, (die Vollversion des Programms mit dem ganz persönlichen Kläffer, den ich nach Wunsch gestalten kann).

Das kann sich der virtuelle Hundehalter neben dem Billig-PC noch leisten. Zugegeben, das Ganze ist ziemlich bescheuert. Aber einen großen Hund in einem kleinen Großstadtappartement zu halten und dann friedliche Zeitgenossen mit Tretminen zu molestieren ist mindestens genauso bescheuert.

TAZ 23.05.1996

Compjusörf praudlie priesäntz...

Am kommenden Samstag ist es soweit: Unter *http://www.compuserve.de/video/* überträgt CompuServe ab 23.00 Uhr das Konzert der Fantastischen Vier aus dem Theaterhaus in Stuttgart-Wangen live ins Internet. Musikfreudige Surfer benötigen dazu lediglich eine Soundkarte und – wie sollte es anders sein – ein Netscape Plug-In: den Xing Stream-Works-Client, der unter derselben Adresse zu haben ist.

Erste Versuche haben gezeigt, daß er tatsächlich funktioniert. Natürlich waren im Setup noch ein paar äußerst friemlige Anpassungen nötig. Es hat auch eine Weile gedauert, bis ich kapiert habe, da es geschickter ist, direkt mit Stream Works ins Netz zu gehen und den Browser erst gar nicht zu starten. Das entlastet das System.

Aber genau das sind die paar Kleinigkeiten, die Internet-Wizards von normalen Anwendern unterscheiden. Die schauen sich solche Konzerte ohnehin lieber in der Glotze an. Großes Bild und sattes Stereo – wie in besten Rockpalast-Zeiten.

Unsereins begnügt sich mit 8-bit-Telefon-Sound und einem Bild in Briefmarkengröße. Nein, ich will fair sein: So groß wie eine Streichholzschachtel ist das Videofilmchen schon. Es ruckelt auch ziemlich – aber dafür kommt es live aus dem Internet und nicht aus der Schüssel. Pioniere müssen das aushalten, stundenlang und nachher noch das Interview – auch wenn dabei ein Medium vergewaltigt wird, das nicht für solche Sachen geschaffen wurde und das, von ein paar sündhaft teuren Standleitungen einmal abgesehen, auch nicht in der Lage ist, solch riesige Datenmengen zu bewältigen. Normale 14.4er Modems sind dabei hoffnungslos überfordert, auch 28.8 ist noch sehr schmerzhaft, und selbst mit ISDN gibt es Probleme. Für reine Tonübertragungen, wie Telefonieren übers Internet, mag das alles noch akzeptabel sein. Aber ein Live-Konzert ins Netz einzuspielen ist wie der Versuch, einen Kleiderschrank auf einem Fahrrad zu transportieren.

Es wäre sicherlich geschickter gewesen, das F4-Konzert vom Fernsehen übertragen zu lassen. So sehr kann doch niemand das Internet lieben, daß er bereit wäre, das stundenlang auszuhalten. Andererseits sind Experimente dieser Art ganz nützlich: Sie untermauern die Forderung nach mehr Leitungskapazität und zeigen, daß es auch anders geht, als auf ein paar hundert digitale TV-Kanäle zu warten. Vor ein paar Wochen hat schon mal jemand den Versuch gemacht, eine Operation live ins Internet zu übertragen. Das ist fürchterlich schiefgegangen, aber vielleicht klappt es ja diesmal besser.

TAZ 30.05.1996

ISDN – Ist Sowas Denn Nötig?

Wer noch schnell zu einem billigen oder sogar kostenlosen ISDN-Anschluß kommen möchte, sollte sich langsam beeilen: Am 1. Juli läuft das ISDN-Förderprogramm der Telekom aus. Nur noch bis zu diesem Termin wird die Anschaffung von ISDN-Telefonen, PC-Anschlußboxen und Steckkarten mit 300 Mark subventioniert. Einige PC-Karten sind schon für weniger als 200 Mark zu haben, darin ist die Anschlußgebühr noch mit eingeschlossen.

Und wer seine alten Apparate, die Modems und Faxgeräte einfach nicht missen möchte, kann sich wahlweise eine ISDN-Telekommunikationsanlage mit 700 Mark bezuschussen lassen. Das klingt verlockend – acht analoge Nebenstellen sind in einer Zweizimmerwohnung ja auch ein absolutes Muß!

Ein Telefon im Bad habe ich mir schon immer gewünscht, und eine eigene Nummer sollte es auch haben. Aber Spaß beiseite: Wer jetzt Doppelanschluß hat, etwa um Telefon und Fax oder Modem zu trennen, profitiert tatsächlich. Der ISDN-Standardanschluß mit zwei Leitungen und drei Nummern ist mit 46 Mark im Monat sogar noch etwas billiger. Und wer ständig große Datenmengen aus dem Web schaufelt, um sich Live-Videos und Java-Aplets anzuschauen, kommt an ISDN sowieso nicht vorbei.

Aber Vorsicht: Die Telekom montiert nur einen Kasten an die Wand, den Computer muß man selbst anschließen und konfigurieren. Wer nicht in der Lage ist, einen Videorecorder zu programmieren, sollte davon definitiv die Finger lassen – oder einen kennen, der einen kennt. Wer das selbst machen will, muß sich schon in technische Details einarbeiten – Probleme gibt es meistens mit den TreiberInnen.

Auf jeden Fall sollte man sich vorher genau überlegen, was man eigentlich will. Die telekomeigenen T-Punkt-Läden haben zwar Formulare, aber keine Ahnung. Gute Fachgeschäfte hingegen beraten ordentlich, übernehmen den Papierkram und manchmal auch die Anschlußgebühr. Aber wer mit nur einem Telefon auskommt und vielleicht nur ab und zu eine Website anklickt oder E-Mail schreibt, braucht auch jetzt nicht in Panik zu geraten. Ein gutes Modem ist dafür noch lange schnell genug. Auch ist damit zu rechnen, daß die Preise für ISDN-Geräte nach dem Wegfall der Förderung kräftig in den Keller rutschen. Und die Telekom wird sich nach Ablauf des Förderprogramms sicher wieder etwas Neues einfallen lassen, um ISDN-Kunden zu fangen. Vielleicht schickt sie ja dann kostenlos einen netten Telekomiker mit, der versteht, warum es nötig ist.

TAZ 06.06.1996

Neue Heimat Internet?

In den nächsten Monaten werden sich die fast fünf Millionen CompuServe-Kunden wohl auf einiges gefaßt machen müssen. Der Onlinedienst aus Columbus, Ohio, wird seine gesamte Technologie dem Internetstandard anpassen. Einige der neueren Angebote wie zum Beispiel der Flugplan der Lufthansa kommen bereits jetzt als ganz normale Homepages daher und können mit jedem Browser angeklickt werden. Für alte Kunden ist das ein Stück Heimatverlust.

Es mag ja einerseits zu begrüßen sein, daß CompuServe seine Dienste nun auch den etwa 40 Millionen WWW-Nutzern öffnet (wobei einiges trotzdem nur für die eigenen Kunden zugänglich sein wird). Einzelanbieter müssen jetzt nicht mehr doppelt präsent sein. Andererseits wird es besonders für diejenigen schwierig, die sich an den für alle Systeme einheitlichen und bewährten «CompuServe Information Manager» gewöhnt haben. Sie haben damit fleißig E-Mails und Dateien verschickt, haben sich ihre Software-Updates geholt oder an Forumsdiskussionen teilgenommen. Von alten Gewohnheiten trennt man sich nicht so leicht – und wenn ich ehrlich bin: Auch ich möchte trotz jahrelanger Internet-Erfahrung nur sehr ungern auf die vertraute CIM-Wohnstube im Ostküstenbarock verzichten und mich mit allem, was ich zu beklicken habe, in die zugige Bahnhofshalle des World Wide Web begeben. Alle zwei Meter muß ich mich dort auf Überraschungen unterschiedlichster Art gefaßt machen. Ich liebe diese Überraschungen, aber manchmal, nur manchmal, da möchte ich meine Ruhe haben und unmolestiert vor mich hin klicken. Dafür ist das CIM-Programm ideal: einfache, klare Strukturen und auch kein Error 404. Fast wie zu alten Crosspoint-Zeiten, nur bequemer.

Auch die Allianz mit Microsoft erscheint mir unheilig: CompuServe macht Bill Gates' Internet Explorer zum Standard-Browser, und auch die Serversoftware soll von Microsoft kommen, alles unter dem Codenamen «Normandy». Das klingt nach Invasion. Damit wird dann sicher WOW! entwickelt, das tolle CompuServe-Familienprogramm mit Angeboten aus der Musikszene im besten Bravo-Stil («Hallo, Leute!») und Sportlern, die nach dem Wettkampf an die Tastatur gezerrt werden («mental, äh, war ich heut gut drauf»). Für viele ist auch der Internet-Explorer nur deshalb schlechter als der Netscape-Browser, weil er von Microsoft kommt – eine Haltung, die ich sehr gut nachvollziehen kann, obwohl es dafür bei Licht betrachtet keinen Grund gibt. Die meisten Entscheidungen werden emotional gefällt – auch im Internet.

TAZ 13.06.1996

Clickin' My Way Back To You

Eigentlich wollte sie nur auf der «zak»-Page die Gummipuppen anschauen, den verknautschten Mr. Tagesthemen – und Nobbie Blüm, der ständig von Helmut eins draufkriegt. Aber «zak» hat auch eine Seite mit Hot Spots, ein Verzeichnis bundesdeutscher Festplatten, die politisch und sonstwie relevant sind. Gaby wurde neugierig und klickte auf die taz, schließlich liest sie jeden Donnerstag den Ladies Almanach, und auf der Internet-Seite gleich nebenan schreibt immer einer, dessen Name ihr verdammt bekannt vorkommt. Und so nahm das Schicksal seinen Lauf.

Vor ein paar Tagen bekam ich Mail. Mail von Gaby aus Iserlohn. «Hey, wo hast Du all die Jahre gesteckt? Dein letzter Brief kam im Februar 67, da wolltest Du Dich gerade auf den Weg nach Indien machen...» Ich habe nur einen ganz kurzen Augenblick gebraucht, um zu begreifen, wer das ist. Das mit Indien stimmt ja, allerdings bin ich bereits in Marseille hängengeblieben – irgendwie war das die falsche Richtung. Natürlich kann ich mich an Gaby erinnern, an goldene Lokken und zärtliche Briefe. Wir waren in dem zarten Alter, wo sich Menschen noch so richtig mit Schluchz und Schmerz ineinander verlieben können. Gaby machte zu dieser Zeit irgendeine Ausbildung im fernen Iserlohn; ich fotografierte und schrieb für das Provinzblättchen über Drillinge im Kuhstall und den Aufstieg in die Oberliga. So konnten wir uns nur selten sehen, dafür schrieben wir duftende Briefe auf buntem Papier. Die Beatles hatten gerade Sgt. Pepper gemacht, als ich nach meinen Exkursionen in die Stadt zog und Gaby in den Wirren der 68er aus den Augen verlor.

Heute ist alles ganz anders, und ich bin ziemlich sicher, daß ich jedes Stückchen Lebenserfahrung mit einem großen Stück meiner Tagträume bezahlen mußte. Deshalb habe ich Gabys Mail auch als richtig großes Ereignis gefeiert; der allerersten Jugendliebe nach fast dreißig Jahren im Internet wiederzubegegnen ist schon etwas ganz Besonderes. Sie hat einfach auf meine Homepage geklickt und mich gleich erkannt, obwohl ich mich deutlich verändert habe. Unglaublich, aber wahr. Inzwischen sind schon ein paar Mails hin- und hergegangen, und heute war ich mutig: Ich hab' sie einfach angerufen. Kein verkrampftes «Was machste denn jetzt so?» und auch kein verlegenes Schweigen. Im Gegenteil: Wir haben gemeinsame Erinnerungen an pränetscapeianische Zeiten aufgefrischt und uns über tausend andere Themen die Ohren abgekaut. Mal sehen, vielleicht schalte ich an einem sonnigen Wochenende einfach das Modem aus und fahre nach Iserlohn...

TAZ 20.06.1996

Das finale Dienstprogramm

Alle Pilze sind eßbar. Manche nur einmal. Diese überaus einfache Regel gilt auch für Software, besonders wenn sie aus dem Internet kommt. Und wer beim eifrigen Sammeln versäumt, die Handbücher oder READMEs zu lesen, fällt spätestens beim Genuß ganz fürchterlich auf die Nase – wie unlängst Niklaus H., taz-Redakteur und Internet-Spezialist der ganz besonderen Art. Dabei wollte er doch nur mal schauen, was die Firma Siemens-Nixdorf an Kundendienst online zu bieten hat. Schließlich ist der Papst gerade auf Heinz Nixdorfs Privatflugplatz in Paderborn gelandet, da kann das Lieblingsspielzeug des Redakteurs, das aus dem selben Hause stammt, vielleicht auch noch nachgebessert werden.

Tatsächlich weist Siemens unter *http://www.sni.de* ausdrücklich darauf hin, daß seine Notebooks so konzipiert sind, daß auch Otto Dummuser sie selbst auf neuesten Stand bringen kann. Zu diesem Zweck kann man sich das zum jeweiligen Modell passende BIOS-Update holen. Das ist kein klerikales Biotop und auch nicht das British Input-Output-System. Es hätte ganz gut funktioniert, wenn da nicht noch eine Sammlung mit zusätzlichen Service-Programmen gewesen wäre. For internal use only, nur stand das nicht dabei. Auch sonst keine Anleitung, kein README – was macht ein taz-Redakteur in einem solchen Fall, besonders wenn so verlockende Programme wie DROM und REROM dabei sind? Genau, starten – dann schaun mer mal...

Und wie Sie sehen, sehen Sie – nichts! Von den 16 Farben des einst so brillanten TFT-Displays erschien keine einzige mehr, noch nicht einmal schwarz. Alles tot, nur ein deutliches Ächzen aus den Tiefen des Diskettenlaufwerks, das ihm sagte: «Das hättest du lieber bleibenlassen sollen.»

Reanimationsversuche eilig herbeigerufener taz-Kolumnisten waren erfolglos. Sofort entstand ein Expertenstreit. DROM, das ist klar, heißt «Delete ROM» – so wie jedes Kind weiß, daß ein überaus nützliches Programm namens HWDS einfach «Hau wech den Scheiß» meint und das auch macht. REROM ist dann sicher das Gegenteil. Aber auch der Servicetechniker in der Berliner Siemensstadt wußte nicht so recht und wollte 1.000 Mark für den Austausch des Motherboard (Mutterbrett). Mit 27 Anrufen und Engelszungen konnte der Redakteur schließlich höhere Stellen davon überzeugen, daß es grob fahrlässig ist, solche Programme undokumentiert und für alle zugänglich ins Netz zu stellen. Siemens will das ändern, und so kommt es, daß auch heute wieder eine Internet-Seite in der taz erscheinen kann ...

TAZ 27.06.1996

Warnung vor dem Hausmeister

Das hat mir gerade noch gefehlt. Nach bester deutscher Hausmeistermanier will sich ein Providerverein mit einer «Internet Content Task Force» als Netz-Sheriff aufspielen und «Selbsthygiene» im Internet betreiben. Deutsche Medienspezialisten und Juristen wollen darüber wachen, was (eventuell vielleicht) Sittlichkeit und Anstand oder gar Gesetze verletzen könnte – ganz so, wie es die mit Lobbyisten aller Couleurs besetzten Presse- und Rundfunkräte tun. Und selbst bei den Anhörungen zum geplanten Multimedia-Gesetz haben sie mitgewirkt – vermutlich, um sich noch beim allerletzten Hinterbänkler anzubiedern und zu erklären, wo es überhaupt langgeht.

Zensurvereine dieser Art sind völlig überflüssig. I shot the Sheriff. Ein Bundesgericht hat für die USA entschieden, daß die Inhalte des Internet weder kontrolliert werden können noch dürfen. Vielleicht ist das ja hier bald anders. Geht es nach dem Willen der Parlamentarier, darf das Netz durchaus kontrolliert werden. In der Praxis wird dieses Ansinnen zwar kläglich scheitern. Wer kann schon überprüfen, was ich mir von einem Server in Helsinki oder sonstwo hole? Nur geht es ja nicht um Neonazis oder Kinderpornos, das sind nur medienwirksame Zugpferde, um Stimmung zu machen. Mit den paar Neonazis werde ich auch allein fertig, und Kinderpornos hab ich keine gefunden – auch nicht, als ich explizit danach suchte. Was natürlich nicht heißt, daß es sie nicht gibt. Aber wenn ich und ein paar andere keine finden, kann die Gefahr so groß nicht sein.

Heute versichern die Sheriffs noch, daß nur eindeutig gesetzeswidrige Inhalte an den Provider-Pranger sollen – vergleichbare Aktionen in privaten Mailboxnetzen haben jedoch gezeigt, daß es dabei nicht bleibt. Da wird dann auch schnell mal etwas wegzensiert, was nicht der Political Correctness entspricht oder schlicht als geschmacklos empfunden wird. Für andere sind solche Sites vielleicht nur schrill, Kunst oder Recherchematerial – wie das «digital home of mass murdering serial killers» (*http://mayhem.net/Crime/archives.html*). Und auf *http://stsim.com/mdc/underground/home.html* läßt sich leicht überprüfen, wie bescheuert Pornographie im Internet wirklich ist.

Vielleicht sollte ich jetzt auf die Bodysounds-Homepage klicken (*http:www.farts.com*) und mir endlich die gesammelten Fürze anhören. Kein Netz-Sheriff wird mich daran hindern. Ich weiß nicht, welchen Hygieneartikel Ihr freundlicher Provider empfiehlt – Steffi Graf empfiehlt Rexona, und dabei sollten wir es belassen.

TAZ 04.07.1996

Sechs Prozent Eichhörnchen

Letzte Woche fiel mir die Juli-Ausgabe des Internet- und Zeitgeistmagazins pl@net in die Finger. Im Editorial, gleich in der ersten Zeile, lese ich, daß ich zu 94 Prozent ein Mann bin. Völlig erschrocken und verstört begebe ich mich unverzüglich auf die Suche nach den restlichen 6 Prozent. Meinen die etwa die weibliche Ader in mir, die paar Hormone, die angeblich jeder Mann haben soll? Nein, das kann nicht sein. Oder den wenig attraktiven Hang zum Bierbauch? Kann eigentlich auch nicht sein, so etwas gehört zur Standardausstattung eines deutschen Mannes, wenngleich ich meiner Umwelt Shorts, Sandalen und weiße Söckchen erspare. Was aber ist dann der geheimnisvolle Rest?

Ich hab's! Sie meinen das Eichhörnchen, das in uns allen steckt und das uns das geballte Wissen um die Dinge sammeln und bunkern läßt. Einiges davon ist längst verschimmelt, aber das macht nichts. An jeder Ecke, an jedem Kiosk, in jedem Buchladen und auf jeder Homepage lauern neuere, buntere und wichtigere Informationen darauf, von unseren Gehirnen aufgesogen oder doch zumindest gekauft zu werden. Und wir kaufen – aus Angst, irgend etwas zu verpassen oder den Anschluß zu verlieren. Dabei ist in unseren Köpfen längst kein Platz mehr für all das Zeug – vom Fernsehen will ich gar nicht reden, das ist leicht verdaulich und hat, mit dem Internet verglichen, keinerlei Informationsgehalt.

Das andere Extrem sind die sogenannten Fachzeitschriften, wobei man neuerdings auf den feinen Unterschied zwischen einem Computer- und einem Internetmagazin achten muß. Und bei letzteren gilt es noch zwischen den eher technischen und den zeitgeistigen zu unterscheiden. Wer soll da noch durchblicken? Ach, wie schön waren doch die Zeiten, als mir radebrechende Taiwaner in einer dünnen Anleitung die Bedienung meines PCs beibringen konnten («Insertieren Sie die Stiefeldiskette und drücken Sie Wiederkehr.») Heute muß ich mich zuerst mit der Syntax auseinander setzen, bevor ich irgend etwas verstehe. Und die Sprache des Internet ist eine andere als die Computersprache, da hat's das Eichhörnchen nicht leicht.

Glücklicherweise gibt es eine eichhörnchenfreundliche Erfindung namens Software, die mir einen Teil der Arbeit abnimmt. Sie kommt auf silbrigen Scheiben daher oder von fernen Servern. Aber leider ist die niemals perfekt – und so holt sich das fleißige Eichhörnchen noch eine Scheibe, die vielleicht besser ist, und dann noch eine. Und es kauft sich noch ein Heft, und noch eins. Jaja, von uns Eichhörnchen lebt ein ganzer Industriezweig ...

TAZ 11.07.1996

Der Error des Navigators

Karl H. hat Zweifel – am Leben, am Universum, am Internet und überhaupt. Manchmal verbringen wir Stunden mit endlosen Diskussionen, und besonders Karls Neigung, die Dinge stets einordnen oder zumindest irgendeinen Sinn erkennen zu wollen, macht mir mitunter schwer zu schaffen. Aber das ist auch positiv, trägt es doch mit dazu bei, den Kolumnisten vor einer gewissen Blindheit zu bewahren.

Keinerlei Zweifel jedoch hat Karl an seiner Fähigkeit, seine «Southwind», ein gemütliches Segelboot älterer Bauart, sicher durch die Unbill Berliner und Brandenburger Gewässer zu navigieren. Und so haben wir uns auf einen Segeltörn begeben, schließlich hat er Hochsee-Erfahrung, und auch ich mache das nicht zum ersten Mal. Wir takelten und wendeten, checkten Wind und nahmen Kurs. Auf halber Strecke, wir waren gerade in eine Diskussion über den Platz des Internet in der Medienlandschaft vertieft, entdeckten wir am Horizont einen Surfer. Scheinbar mühelos glitt er über den See, offenbar wußte er Windstärke und -richtung optimal auszunutzen. Nichts konnte die Harmonie dieses Gleitens und Wendens stören. Im Vergleich dazu ist die Metapher des Surfens im Internet doch völlig schief, und sie ist vermutlich wieder nur eine Erfindung geschickter Marketingstrategen, meinte Karl. Und überhaupt, Surfen im virtuellen Raum? «Weltweit Warten» trifft die Sache angesichts langsamer und ständig überlasteter Leitungen doch sehr viel besser.

Doch leider sind auch die Berliner Gewässer überlastet, und manchmal kommt es zum Stau auf dem nassen Highway. Plötzlich und wie aus heiterem Himmel war dieser Dampfer vor uns. Er muß vom Tegeler See eingebogen sein, sonst hätten wir ihn bestimmt gesehen. Vielleicht waren wir auch zu sehr in den Anblick des Surfers und in Metaphern vertieft und einen winzigen Augenblick lang unaufmerksam. Rrrums! Solche Augenblicke haben nichts Virtuelles, und ein Boot hat keine Undo-Taste. Treffer achtern! Hier hat der Navigator schlicht versagt. Die Luftschnapper an Bord des Ausflugsdampfers (meist Senioren und versprengte Überreste der Love Parade) begriffen einen Moment lang nicht, was los war, und waren völlig irritiert. Aber Haveldampfer sind robust und fahren unbeirrt weiter – vermutlich selbst dann, wenn einer über Bord geht. Sie können es sich leisten, Angriffe aus dem Cyberspace einfach zu ignorieren. Der Segler hat keine Chance. Ihm bleibt nichts weiter, als mit höchst realer Spachtelmasse die Schäden halbwegs zu glätten ...

TAZ 18.07.1996

Tausend Meter Doppelklicken

Die Fußball-EM in der Glotze habe ich mir noch gefallen lassen, besonders das finale «Golden Goal». Aber was uns die von der ersten Reihe jetzt zumuten, hat mit Sport nur noch am Rande zu tun – es ist der längste Werbespot der Welt, und medaillenbaggernde Athleten sind für milliardenschwere Sponsoren nur lästiges Beiwerk. Also verordne ich der Glotze Schonzeit und tausche die Fernbedienung mit der Maus.

Erster Versuch: Btx, Pardon, T-Online. Schon auf der Leitseite springt mir Atlanta entgegen – ich bin so blöd und klicke drauf. Unverzüglich wird die Festplatte vollgemüllt. Das Olympia-Logo, Bildchen, Menüs und ein 24-Kilobyte-Sprinter in Lauerstellung. Das alles hat nur fünf Minuten gedauert, der olympische Rekord im Datenschaufeln geht klar an den T-Verein.

Doch der Dämpfer folgt, als ich mir die neuesten Ergebnisse ansehen will. Das kostet zwanzig Pfennig pro Minute – und im Forum, in dem ich mich an einer kritischen Diskussion beteiligen soll, sogar dreißig Pfennig. Pro Stunde wären das achtzehn Mark – so bescheuert kann doch niemand sein! Die Goldmedaille im Online-Abzocken geht klar an Ron Sommer und sein T-Team, Silber für die Btx-Agentur Geißler (Forum), Bronze für die Sportronic AG (News).

Im Online-Shop kann ich mir Maskottchen und Kaffeepötte mit Emblem bestellen. Nein danke, da klick' ich lieber bei CompuServe. Das Stichwort «Atlanta» springt mir sofort ins Auge – unter der Rubrik «Deutschland aktuell»! Na gut, ich lasse die Bildchen-Schaufelei über mich ergehen.

Newsflash und Forum kosten hier keine Extragebühren. Wenn ich aber richtige Artikel und Hintergrundinformationen will, katapultiert mich der Online-Dienst direkt ins WWW. Darauf hätte ich als alter Internet-Sprinter auch selbst kommen können. CompuServe betreibt hier (und nicht etwa zu Hause im eigenen Online-Dienst) einen Atlanta-Server mit aktuellen Berichten und Ergebnissen.

Wirklich aktuell? Nicht ganz – für das Monopol hat NBC viel Geld bezahlt, da müssen alle anderen eine halbe Stunde warten. Und NBC hat gerade mit Bill Gates die Online News Station MSNBC gegründet. Klar, daß die ganz vorn sein müssen. Aus reiner Neugierde klick' ich drauf, und was passiert? Nichts! Typisch Gates – erst mit großem Tamtam etwas ankündigen, und dann ist der Server nicht erreichbar. Damit hat sich Gates disqualifiziert, und mein Bedarf an Olympia ist für die nächsten vier Jahre gedeckt. Vielleicht sollte ich auch meiner Maus mal eine Sommerpause gönnen.

TAZ 25.07.1996

Medialer Rinderwahn

Unter all den Startschüssen, die in diesen Tagen fallen, hätte ich diesen beinahe überhört. DF1 ist kein neuer Sender, sondern «neues Fernsehen», sagt die Eigenwerbung. Aber auch wenn sich Leo Kirch und der Bertelsmann-Konzern in letzter Sekunde noch auf einen gemeinsamen Decoder-Standard einigen konnten, sind gerade mal zwei Prozent bereit, sich so etwas anzuschaffen. Bei Decoderpreisen ab tausend Mark und monatlichen Gebühren von zwanzig Mark an aufwärts ist das auch kein Wunder.

RTL-Chef Helmut Thoma gehört mit Sicherheit nicht zu den Querdenkern der Nation. Aber hier brachte er die Sache auf den Punkt und nannte das Ganze einen «medialen Rinderwahn». Recht hat er. Wer soll das alles produzieren? Für die hundertvierzigste Wiederholung des «Hund von Baskerville» und anderer alter Schinken gibt niemand Geld aus – auch dann nicht, wenn sie just in time gesendet werden.

Nein, so etwas brauche ich mit Sicherheit nicht. Aber die Hirnrisse anderer lösen in mir immer ein gewisses Nachdenken aus, besonders wenn sie im Begriff sind, ein paar Milliarden in den Sand zu setzen. Wenn man schon in der Lage ist, 50 oder noch viel mehr digitale Fernsehkanäle über das ganz normale Kabelnetz zu übertragen – dann, denke ich mir, könnte man diese Technik doch wunderbar dazu benutzen, das Internet für alle verfügbar zu machen. Kein verschnarchtes Modem und kein ISDN – der Internet-Anschluß wäre einfach zu realisieren und in jeder Wohnung so selbstverständlich wie Strom, Wasser und Kabelfernsehen. Die Übertragungsraten wären traumhaft, schon beim Versuch, die Bits auszurechnen, die ein einziger digitaler Fernsehkanal pro Sekunde braucht, streikt mein Taschenrechner.

Die Idee ist nicht neu, doch zu Ende gedacht wurde sie von denen, die die Macht und die Mittel dazu haben, bislang nicht. Offenbar setzt man lieber auf den Riesenreibach aus der Fußball-WM 2002, als daß man jetzt und heute den Blick über den Rand der Mattscheibe wagt. Eine preiswerte Decoderbox nur für das Internet – ohne TV-Kanäle, aber mit PC-Anschluß – würde, da bin ich mir sicher, reißenden Absatz finden. Selbst das Problem mit dem Rückkanal für die User-Eingaben ließe sich lösen – etwa durch ein etwas engmaschigeres Netz als beim Kabel-TV. Auch die Abrechnungsdaten könnten damit übermittelt werden. Irgendwann wird es so etwas sicher geben – die Technik ist bereits entwickelt. Nur sind deutsche Medienkonzerne auf diesem Auge blind und überlassen das Geschäft lieber Mr. Gates und Konsorten.

TAZ 01.08.1996

Immer in der ersten Reihe?

Endlich ist es soweit. Seit kurzem sind Tagesschau und Tagesthemen mit eigenen Homepages im Web vertreten. Darauf haben wir schon lange gewartet. Sabine Christiansen, auf dem Foto Wange an Wange mit Ulrich Wickert, beantwortet so brennende Fragen wie die zu den Dingen, die sie auf eine einsame Insel mitnehmen würde, und welche Persönlichkeiten sie am meisten beeindruckt haben.

Is ja doll, aber wen interessiert das? Besser als diese Personality-Show wären aktuelle Nachrichten. Die gibt es zwar auch, als Abklatsch der jeweils letzten Sendung – aber die schaue ich mir lieber in der Glotze an. Dann kann ich mir auch das Bild-und-Ton-Plug-in «VDOlive» ersparen, das zwar kostenlos heruntergeladen werden darf, aber mit Windows 95 und der Telekom-Internetsoftware nicht funktioniert.

Knapp vorbei ist auch daneben. Dabei wäre es doch so einfach gewesen. Da man davon ausgehen kann, daß Internet-User auch einen Fernseher besitzen, hätte man auf den Videofirlefanz verzichten und statt dessen die Möglichkeiten des Mediums Internet richtig nutzen sollen. Hier gibt es keine Sendezeitbeschränkung, und man könnte all die Nachrichten bringen, die sonst unter den Tisch fallen. Hintergrundinformationen, ausführliche Interviews – all die Dinge, für die die Sendezeit nicht ausreicht. Der Mitarbeiterstab und das Korrespondentennetz der Tagesschau sind riesig, da wird man sich wohl noch eine kleine Online-Redaktion leisten können.

Wie so etwas gemacht wird, zeigen uns die Amerikaner schon lange: das Wall Street Journal, NBC und vor allem CNN.

Hierzulande ist man offenbar der Meinung, daß Fernsehen auch im Internet Fernsehen zu sein hat – oder eine billige Eigenwerbung und Selbstdarstellung.

Daß auf Dauer gesehen solche Schnellschüsse nach hinten losgehen, liegt auf der Hand. Einmal draufgeklickt – und das war es dann auch schon. Websites sind nur dann interessant, wenn sie Inhalte und Informationen vermitteln, die ich woanders nicht einfacher oder bequemer haben kann.

Bei der Konkurrenz aus Mainz ist es noch schlimmer. Ein bißchen «WiSo», ein bißchen Sport, ein paar Infohäppchen – so hausbacken wie der ganze Sender. Von Nachrichten keine Spur, und die Online-Quasselsendung «Netnite» hat die Themen des letzten Monats noch nicht im Netz. «Schauen Sie bitte in einigen Tagen noch einmal vorbei!» Offensichtlich soll jetzt Microsoft die Dinge auf die Reihe bekommen, die man eben nicht ahnungslosen öffentlich-rechtlichen Beamten überlassen darf.

TAZ 08.08.1996

Das Wissen der Menschheit

Alles, was auf dieser Welt auch nur im entferntesten interessant oder wissenswert ist, gibt es auch im Internet. Oder etwa nicht? Seit Al Gore die Metapher vom «Information Superhighway» in die Welt gesetzt hat, wird überall fieberhaft daran gearbeitet, das gesamte Wissen der Menschheit zu digitalisieren, damit es online abgerufen werden kann. Schöne Idee, aber die Praxis ist wie Radio Eriwan: Im Prinzip ja.

Kürzlich bat mich eine Freundin, ihr ein paar «entwicklungspsychologische Fachartikel» aus dem Internet zu holen. Klar, mach' ich, auch wenn ich von ihrem Gebiet etwa soviel verstehe wie eine BSE-Kuh vom Java-Programmieren. Kein Problem, schließlich gibt es Suchmaschinen, und bislang habe ich immer alles gefunden, wenngleich ich oft nach einer Stunde oder zwei vergessen hatte, wonach ich eigentlich suchte.

Aber das hier ist etwas anderes. Klar eingegrenzte Recherche nach wissenschaftlicher Literatur, hauptsächlich aus den USA, sogar ein paar Autorennamen gab sie mir. Die ersten Ergebnisse waren vielversprechend. Yale, Harvard und die Library of Congress – alles ehrenwerte Namen. Doch dann fing das Elend an. Bei näherem Hinklicken entpuppten sich die großartigen Angebote meist als dröger Verweis auf ein Buch, das in irgendeinem Regal der

Bibliothek steht. Von Abstracts oder gar Volltext-Recherche keine Spur, und der freundliche Hinweis auf die Yale-Parkplätze nützt mir nichts. Ich brauche das Zeug hier und jetzt, und zwar auf dem Bildschirm. Ich probier's mit Gopher

– einer Einrichtung, die die Wissenschaftler ins WWW-Zeitalter hinübergerettet haben. Aber der Gopher katapultiert mich nach Australien, wo ich alles über die Sozialisation der Aborigines erfahre. Nett, aber nicht exakt das, was ich suche.

Dann entdecke ich schließlich einen Hinweis auf ein Datenbanksystem namens Orbis, das Texte des gesuchten Fachbereichs in voller Länge haben soll. Ich klicke drauf – und bekomme eine Fehlermeldung: «Telnet Client not found.» Liebe Güte, was ist das denn? Das ist doch das System, mit dem Pontius Pilatus seinerzeit die Christen verfolgt hat. So etwas gibt es höchstens noch auf meinem Diskettenfriedhof. Nach nur einer Stunde ist das konfiguriert. Schwarzer Bildschirm und kryptische Kommandos, aber es funktioniert. Doch dann will das System wissen, ob ich auch berechtigt bin, und will meine Social Insurance Number. Ich gebe die Nummer der Künstlerkasse ein. Damit bin ich draußen und beschließe, die Freundin zu Kaffee und Käsekuchen in der Cafeteria der hiesigen Bibliothek einzuladen.

TAZ 15.08.1996

Der Homepage-Klau geht um

Nils hat sehr viel Arbeit in seine Homepage gesteckt. Richtig gut ist sie geworden, mit Frames, Bildern – und ein paar schönen Seiten zu Oliver Kalkofe, dessen rotzfreche Sendung ein triftiger Grund ist, die Glotze nun vorerst doch nicht abzuschaffen. Von den vielen privaten CompuServe-Homepages, für die der Online-Dienst seinen Kunden kostenlos Speicherplatz zur Verfügung stellt, ist dies zweifellos eine der besten.

Das muß auch jemand anders gedacht haben, denn als Nils wieder mal durch das Internet surfte, stieß er aus purem Zufall auf seine eigene Homepage. Nur war die auf einem anderen Server, und sie war leicht verändert. Aber ohne jeden Zweifel war es seine Homepage, auch wenn ein paar Bilder ausgetauscht, ein paar Texte geändert waren und ein anderes Copyright drunterstand. Die gleichen Frames, die gleichen Indexpunkte – selbst die Seiten mit den Hobbys und der persönlichen Hotlink-Liste waren identisch.

Einerseits geschmeichelt, andererseits empört, hat Nils den Homepage-Klau in einem CompuServe-Forum öffentlich gemacht («Ist das jetzt Computer-Kriminalität?») – und hat damit eine Lawine ausgelöst.

Manche User reagierten mit Verständnis («Jeder bedient sich an anderen Seiten»), aber auch mit Wut («Man holt sich von anderen höchstens Anregungen!»). Der Seitendieb, ein Informatikstudent, war ganz schockiert und entschuldigte sich damit, daß von seiner Uni aus die CompuServe-Seiten nur mit geringen Übertragungsraten erreichbar seien, ihm aber Nils' Seiten so gut gefallen hätten, daß er sie deshalb für sich und andere direkt auf dem Uni-Server abgelegt habe. Damit wäre Nils schon einverstanden gewesen, nur hat der Student die Seiten als seine eigenen ausgegeben. Das ist juristisch heikel. Zwar können die Giganten des Internet die Verwendung ihrer Markennamen verbieten, aber bei einfachsten Urheberrechten scheiden sich die Geister. Eine kürzlich in Stockholm dazu abgehaltene EU-Konferenz hat das wieder einmal bestätigt: Dreizehn Experten aus dreizehn Ländern hatten dreizehn Meinungen. Dabei könnte man für solche Fälle doch die Regeln zugrunde legen, die für bedrucktes Papier gelten. Dann hätte Nils zwar die Beweislast, aber eine reelle Gewinnchance.

Inzwischen konnte der Fall friedlich geklärt werden: Der Student hat die Seiten geändert und einen Link auf den Urheber eingebaut. Und da nur Nutella drin ist, wo Nutella draufsteht, will ich nur die Adresse des Originals nennen: http://ourworld.compuserve.com/homepages/nils_bote

TAZ 22.08.1996

Cool Sites of the Street

Der Sportladen hat ein riesiges Plakat rausgehängt: «Wir führen Nasenpflaster!» Clevere Idee, vermutlich kriegen alle, die mit ihren Jogging-Klamotten und den häßlichen Turnschuhen rumlaufen, ab und zu mal eins drauf. Das Pflaster tröstet, fördert den Umsatz, und alles ist gut. Die Zoohandlung schräg gegenüber verkauft auch Disketten und wirbt für ihr neues Sonderangebot, ein «Hamsterset komplett mit Hamster», und im Felsenkeller gibt es Köstritzer vom Faß. Beim Türken bekomme ich neuerdings nur noch BSE-freies Chicken-Kebab, und der berühmte Dichter, der mir dort manchmal begegnet, wird auch immer fetter. In der Wurstschlange bei Bolle verwickelt mich jemand in ein Hausfrauengespräch wg. Schweinebraten. Ein paar Häuser weiter, in der Bäckerei, weiß die Verkäuferin selbst, daß die Berliner Bäkker die schlechtesten der Welt sind («Ostschrippen sind besser»). Und nebenan wohnt eine, die heimlich auf den Strich geht, wenn ihr Alter nicht da ist. Nein, schön ist sie wirklich nicht, die Gegend, in der ich wohne. Aber sie lebt, und zwar heftig.

Ich merke das immer dann, wenn ich zwischendurch mal Rechner und Modem ausgeschaltet lasse, um einzukaufen, oder mich selbst überrede, nach unten zu gehen, weil schönes Wetter ist und ich sonst von alledem nichts mehr mitbekomme. Vom Internet hat hier noch niemand was gehört, außer der Zeitungshändlerin vielleicht, die nicht weiß, wo sie all das neue Zeug unterbringen soll. Der einzige Computerhändler weit und breit kann mir keinen FIFO-Chip verkaufen, weil er nicht so genau weiß, was das ist («fiele Forteile?»). Auch er hat schon mal vom Internet gehört, Kunden haben ihm davon erzählt, und neuerdings sieht man ja auch überall diese komischen Zeichen mit den Klammeraffen, Punkten und den Strichen.

Sind all diese Leute von gestern, nur weil sie sich nicht schon längst ein Modem gekauft und eingeloggt haben? Ganz gewiß nicht. Die Welt hat andere Probleme, ganz große und ganz kleine.

Wer nicht völlig hinter der Tastatur versackt, bemerkt das jeden Tag – an den Nachrichten, auf der Straße und am eigenen Leib. Dagegen ist der ganze Hype um das Internet ziemlicher Quark. Die coolen Sites, die das RL, das real life, zu bieten hat, lassen die virtuellen ziemlich blaß aussehen, auch wenn sie noch so toll gemacht sein mögen. Die real real world besteht eben nicht nur aus zielgruppengerechten jungen, schönen und reichen Leuten, die alles sofort mitmachen und jeden Scheiß konsumieren. Das ist auch gut so, alles andere wäre unerträglich.

TAZ 29.08.1996

Die Qualen am Morgen

Es ist schon kurios: Ausgerechnet dann, wenn die Telekom-Gebühren am niedrigsten sind, habe ich die besten Verbindungen. Ab 2 Uhr nachts fängt es an, richtig gut zu werden. Am besten ist es ab vier, da flutschen die Daten durch den Draht, daß es eine wahre Freude ist. Bis zum Morgengrauen kann ich saugen, was das Herz begehrt – ohne «Netlag» und ohne «Weltweit Warten» auf verstopften Leitungen.

Klar, daß sich dadurch der Lebensrhythmus ein wenig verschiebt. Aber das ist schon in Ordnung, schließlich muß ich nicht um neun in irgendeinem Büro antanzen, und nachts ist es ja auch viel ruhiger. Doch irgendwann will auch der härteste Surfer einmal schlafen. Wer mich vor 14 Uhr anruft, hat einfach Pech gehabt und muß eine Nachricht aufs Band sprechen. Langer Schlaf ist überaus gesund und dient der Schönheit.

Im Alltag ist der zeitversetzt und lang schlafende Mensch jedoch einer Vielzahl von Benachteiligungen ausgesetzt. Das beginnt mit dem Handwerker, der die Heizung partout um sieben in der Früh reparieren muß, und endet noch lange nicht bei den Ämtern, deren Mitarbeiter nach zwölf einfach nicht mehr erreichbar sind. Dies ist eine Gesellschaft von Frühaufstehern, und wer nach einem anderen, gesünderen Rhythmus lebt, gilt als Outsider und wird mit Verachtung bestraft. Schichtarbeiter und extensive Nightsurfer sind davon besonders betroffen.

Lösung verspricht «DELTAt», der Verein für Zweitnormalität e.V. «Wenn der Hahn kräht auf dem Mist, sind wir, wo es schöner ist!» steht treffend auf der Homepage (*http://www.netstore.de/~delta-t/*), und die angezeigte zweitnormale Zeit liegt dreieinhalb Stunden hinter der mitteleuropäischen Sommerzeit (mir immer noch zu früh!). Der Verein will sich für die Belange lang schlafender Menschen einsetzen.

Prima Idee, Schluß mit der Diskriminierung von Langschläfern! Wenn selbst die Kaninchenzüchter ihre Interessenverbände haben, warum nicht auch die Freunde der zeitversetzten Schlaraffia? Was mich aber stutzig macht: Warum muß das mit typisch deutscher Vereinsmeierei geschehen? Die Satzung ist länger als der ganze Rest der Homepage. Da ist vom Vorstand die Rede, von Mitgliederversammlungen, Beschlüssen – und von Beiträgen, die jeder zu entrichten hat. Jetzt habe ich die Wahl: Entweder lasse ich mich weiter von deutschen Frühaufstehern diskriminieren, oder ich werde Mitglied eines deutschen Vereins, der meine Schlafinteressen vertritt. Um dies zu entscheiden, werde ich wohl noch einen Tag schlafen müssen.

TAZ 05.09.1996

Geheime Empfehlung durch Verbot

«Mehr als das Gold hat das Blei in der Welt verändert. Und mehr als das Blei in der Flinte das im Setzkasten.» Das hat Georg Christoph Lichtenberg vor zweihundert Jahren geschrieben. Die Setzkästen unserer Tage heißen «Pagemaker» oder «Netscape Gold», und Blei wird nur noch für die Flinte oder zum Schutz vor radioaktiven Strahlen gebraucht. Aber das Lichtenberg-Zitat ist auch heute noch gültig. Das wird spätestens dann deutlich, wenn die mit der Flinte wieder mal versuchen, die mit dem Setzkasten unterzubuttern und mundtot zu machen.

So etwas nennt man Zensur und kann nicht hingenommen werden, gleichgültig, von wem sie ausgeübt wird – von Polizisten im Auftrag des Generalbundesanwalts oder von selbsternannten Internet-Sheriffs, die sich Content Task Force nennen. Es spielt überhaupt keine Rolle, ob ich mit dem, was da zensiert werden soll, einverstanden bin oder nicht, ob ich begeistert bin oder es angewidert ablehne. Zensur findet nicht statt – so will es das Grundgesetz, und jede Ausnahme ist die Herrschaft der Flinte über den Setzkasten. Aber da wir gerade bei den Zitaten sind – der Kabarettist Dieter Hildebrandt hat den Umtrieben der Moral- und Staatsschützer jeder Art einen weiteren Aspekt abgewinnen können und ihn trefflich auf den Punkt gebracht: «Zensur ist die geheime Empfehlung durch öffentliches Verbot.»

Präziser kann man es nicht formulieren, und ich bin mir sicher, daß der Generalbundesanwalt gewußt hat, in welches Wespennest er sticht, wenn er versucht, die nach Holland emigrierte Zeitschrift radikal vom Internet abzuklemmen. Wenn es ihm tatsächlich darum gegangen wäre, die Verbreitung der Nummer 154 zu verhindern, hätte er sie einfach ignoriert. Dann würden nur die draufklicken, die das immer tun, und das kann er verkraften.

Aber offenbar hat er's anders gewollt, und da er schlecht einen holländischen Server abklemmen kann, hat er bei Klein-Providern und dem Content-Dingsbums-Verein Staub aufgewirbelt – mit dem Ziel, den Zugang zu den Holländern zu sperren. Aber die haben sich ein paar Tricks einfallen lassen und in Null Komma nichts für Popularität gesorgt, so daß jetzt alle auf die Adressen der radikal klicken, nur um zu sehen, worum es überhaupt geht. Auch bei «Doom», einem blutrünstigen Computerspiel, begann der große Run erst, nachdem es indiziert worden war.

Ich selbst habe nicht gewußt, daß es die Zeitschrift radikal noch gibt. Nun weiß ich es und stelle fest, daß dieser Quark den ganzen Rummel nicht wert ist.

TAZ 12.09.1996

Ruhe vor dem Telefon – 1. Teil

Ich hätte wissen sollen, daß es nicht gutgehen kann, wenn die Telekom ausgerechnet am Freitag, dem 13., den seit langem erwarteten ISDN-Anschluß schalten will. Und auf keinen Fall hätte ich zulassen dürfen, daß das so kurz vor dem Wochenende passiert. Das habe ich nun davon. Am Freitag um zehn hat mich die Telekom, Aktiengesellschaft und Nochmonopolist von Bötschs Gnaden, exkommuniziert. Alle Leitungen sind tot, die alte und die neue. Kein Anrufbeantworter, kein Fax, kein Modem. Ich hätte nicht erwartet, daß ich das (extra zu programmierende) ISDN-Feature «Ruhe vor dem Telefon» so schnell nutzen würde.

Dabei begann alles so harmlos. Um endlich halbwegs flott im Internet herumsurfen zu können, hatte ich noch kurz vor Ende des Förderprogramms ISDN bestellt. Klar, die 700 Mark wollte ich noch einstreichen. Doch dann fing der Trouble an. Bereits einige Monate später meldete sich eine Frau F., erzählte mir aufs Band, daß sie noch diese und jene Angaben benötigt, und bat um Rückruf.

Soll sie haben, dachte ich mir und rief zurück. Aber es war Freitag mittag, sie war schon im Wochenende, und die Kollegin fand den Auftrag nicht. Am Montag habe ich ihr klargemacht, daß ich als freischaffender Mensch unbedingt eine Ansage auf die alte Nummer brauche, mit Hinweis auf die neue. Wenn dies nicht möglich sei, müsse sie leider den ganzen Auftrag stornieren. Aber das hat sie – trotz Fax-Bestätigung – schlicht vergessen. Als ich im T-Punkt-Laden den ISDN-Kasten zur Selbstmontage abholen wollte, war davon nichts bekannt. Ein netter Zauberer namens Lamprecht (so was gibt's wirklich, sogar bei der Telekom!) bat mich zwar, den Kasten woanders abzuholen, weil er keinen mehr hatte, aber das mit der Ansage hat er prima hingekriegt.

Wer dann versuchte, bei mir anzurufen, und die alte Nummer wählte, erfuhr zwar die neue ISDN-Nummer, die jedoch nichts weiter von sich gab als die bekannte Ansage: «Dieser Anschluß ist vorübergehend nicht zu erreichen» – so, als hätte ich die Rechnung nicht bezahlt.

Am Wochenende kommt kein Servicetechniker. Am härtesten traf mich der Verlust meiner Datenleitung, deshalb brachte ich die Kolumne diesmal per Fahrrad zur taz. Die Strecke ist gut, ich komme immerhin auf eine Übertragungsrate von satten 17 Bit pro Sekunde, den Rückweg nicht eingerechnet. Aber vielleicht kriege ich ja einen Kaffee...

Der zweite Teil folgt am nächsten Donnerstag: Kein Schwein ruft mich an, vom Interrupt 10 und warum das Modem trotzdem so wertvoll ist.

TAZ 19.09.1996

Ruhe vor dem Telefon – 2. Teil

Jeder Betrieb ist nur so gut wie seine Mitarbeiter. Bei der Telekom haben viele die Beamtenmentalität der Bundespost so verinnerlicht, daß sie einfach nicht kapieren, daß es jetzt «Auftrag» heißt und nicht mehr «Antrag». Die schrille Werbung, die modernen T-Punkt Läden – alles nur Fassade. Dahinter verbirgt sich ein verkalktes Behördenmonster, bei dem die eine Hand nicht weiß, was die andere macht.

Aber wie überall gibt es ein paar Ausnahmen: die Handvoll Genies, ohne die der Laden zusammenbräche. Ich hatte das Glück, eines dieser Genies zu erwischen. Es kam in Gestalt eines Servicetechnikers, der mich in aller Früh aus dem Bett warf, um mit einem gezielten Handgriff mein ISDN in Ordnung zu bringen. «Gehen Sie doch mal raus, heute ist ein schöner Tag», sagte er und verschwand.

Ich blieb drinnen, studierte die Anleitung der neuen Nebenstellenanlage. Die ist nicht von der Telekom, dafür billiger. Beim Durchblättern springt mir eine Überschrift ins Auge: «Umlegen besonderer Art». Das ist gut! Bei manchen Anrufern ist mir dieser Gedanke durchaus auch schon mal gekommen. Und zwar so, wie es der Osmin in Mozarts «Entführung aus dem Serail» singt: «Erst geköpft, dann gehangen, dann gespießt auf heiße Stangen...»

Aber kein Schwein ruft mich an. Mein altes Telefon mag die neue Anlage nicht und verweigert das Klingeln. Ich kaufe ein neues, programmiere hundert Nummern und das Fax. Die folgende Nacht verbringe ich mit der Installation der ISDN-Karte für den Rechner, um endlich – na ja, Sie wissen schon. Ich kann einstellen, was ich will, Interrupts und Adressen – die Karte mag einfach meinen Rechner nicht. Der DFÜ-Shop gibt mir eine andere, sie heißt «Fritz!» und funktioniert auf Anhieb. Selbst der berüchtigte T-Online Decoder spielt prächtig, doch die Enttäuschung folgt sofort. T-Online ist langweilig und hausbacken. Ich habe das angeschafft, um endlich im Internet gute Übertragungsraten zu erreichen. Doch nur die deutschen Sites kommen flott rüber, bei allem, was aus dem Ausland kommt, heißt es nach wie vor «Weltweit Warten». Das ist kaum schneller als mit dem Modem, das ich vorerst noch behalte, zumal auch viele andere noch kein ISDN haben. Ich exkommuniziere mich doch nicht selbst.

Nachtrag: Heute kam ein Brief, in dem mir die Telekom mitteilt, daß sie jetzt die technischen Voraussetzungen geprüft habe und daß ich eine gesonderte schriftliche Mitteilung zum Einrichtungstermin erhalten werde. War bisher alles nur eine Übung? Ich schöpfe neue Hoffnung...

TAZ 26.09.1996

Lamento aus Halle 4

Eigentlich vermietet sie ja keine Zimmer, sagt die alte Lady, die ihre riesige Villa in einem noblen Frankfurter Vorort ganz allein bewohnt. Schließlich kann sie ja keine Fremden ins Haus lassen. Aber so einen Schriftsteller zur Buchmesse, den nimmt sie schon mal. Auf ihrer Zwölfmeterterrasse, zwischen Kastanien und Weiden, haben schon sehr berühmte Leute gesessen und sich vom Messestreß erholt.

Und stressig ist sie, die Buchmesse, besonders für Autoren – auch wenn diesmal der Andrang nicht ganz so groß war. Der Bereich «Multimedia» wurde komplett auf zwei Etagen der ungemütlichen Halle 4 verteilt, zwischen Wissenschaft und anspruchsvoller Belletristik. Damit hat nun endlich die unsägliche Diskussion darüber ein Ende, ob die CD-ROM dem gedruckten Buch überlegen sei.

Und – Irland hin, Friedenspreis her – «Multimedia» und «Internet» waren die heimlichen Schwerpunkte der Buchmesse, obwohl kaum eine Buchhändler- und Verlegerseele diese Begriffe richtig unterscheiden kann. Deshalb noch einmal gaaaanz einfach: Multimedia ist das mit der CD-ROM, Internet das mit dem Modem. Das verbindende Element ist «interaktiv», weil anklickbar. Daran kam in Halle 4 niemand vorbei, klicken Sie hier, klicken Sie dort – und kaufen Sie das große Buch zur Raubkopie!

Eine Atmosphäre wie auf der Cebit. Ich hatte Mühe, unter all dem Geschrei sinnvolle Multimedia-Produkte zu finden, etwa die CD des Spätdadaisten Ernst Jandl (Ottos Mops trotzt). Buchmesse und Cebit unterscheiden sich darin, daß man auf der einen damit rechnen darf, halbwegs intelligente Menschen zu treffen. Das war auch diesmal so, wenngleich ich auch damit meine Mühe hatte. Kaum ein Verlag, der nicht mindestens eine Multimedia-CD anpreist – auch wenn sie noch so hirnrissig ist. Das war keineswegs auf Halle 4 beschränkt. Im Internet waren deutsche Buchverlage schon immer etwas zurückhaltend. Doch zur Messe haben viele noch hastig eine Homepage zusammengestrickt. Nicht etwa mit den Neuerscheinungen im Volltext, nein, mit bunten Bildchen, Buchumschlägen und vielleicht ein paar Textauszügen.

Wann kapieren die endlich, daß sie kein einziges Buch weniger verkaufen, wenn sie es in voller Länge zugänglich machen? Und wann schickt der Börsenverein des Buchhandels die Multimedia-Schreihälse wieder dorthin, wo sie hingehören, nämlich zur Cebit? Dann wäre der Blick wieder frei für die Buchmesse, und die alte Lady müßte sich ihre Gäste auch nicht mehr ganz so genau anschauen.

TAZ 10.10.1996

Lang lebe die Windowsrevolution!

«Freiheit für Taiwan!» oder «Kommunistischer Bandit!» – die ersten chinesischen Benutzer von Windows95 waren schon ein wenig erstaunt, als sie diese und andere Systemmeldungen auf dem Bildschirm lasen. Bill Gates Betriebssystem wurde von taiwanischen Programmierern für China «lokalisiert», und offenbar waren einige von ihnen ein wenig übereifrig. Microsoft nimmt die indoktrinierten Versionen zurück – natürlich nur Originalversionen, nicht die vielen Raubkopien.

Doch die chinesischen Ideen beflügeln die Phantasie. Sie zeigen, daß es tatsächlich möglich ist, dem grauen Windows-Alltag mit der ewig drehenden Sanduhr etwas entgegenzusetzen und Versionen zu basteln, die ganz auf die besonderen Umstände und gesellschaftlichen Bedürfnisse abgestimmt sind. Vielleicht läßt sich damit richtig Geld verdienen, die Programmierwerkzeuge kann ich mir von jedem Shareware-Server aus dem Netz holen. Damit kann ich plötzlich auftauchende, revolutionäre Fehler- und Systemmeldungen bauen, etwa: «Das System führt nun den Hygiene-Update durch. Verlassen Sie bitte sofort den Raum!» – oder für den Internet-Explorer: «Wollen Sie WWW wirklich löschen? Ja – Nein – Weiß nicht.»

Jedem Land, jedem Betrieb sein eigenes Windows! Extras sind gegen Aufpreis immer möglich. Die Spezialversion für Helmut Kohl, Bildschirmschoner mit blühenden Landschaften, wird besonders stabil. Sie läßt sich mindestens 16 Jahre lang nicht aus dem Speicher entfernen. Bei der Version «Seehofer» gibts lebenswichtige Module nur bei hundertprozentiger Selbstbeteiligung. Schön ist auch die blauweiße Bayern-95-Edition mit integrierter Zwangsberatung und Kruzifixen. Den Gegnern des Ladenschlußgesetzes könnte ich etwas einbauen, was den Rechner um Punkt sechs abschaltet. Der notorische Internet-Ignorant Friedrich Küppersbusch erhält eine Version, die seinen Gästen alle drei Sekunden ins Wort fällt, und bei Focus-Chef Markwort erscheint jeden Morgen: «Klicken, klicken, klicken – und immer an den Absturz denken!» Die taz bekommt einen automatischen Abonnentenzähler, Carola Rönneburg eine Emulation des Laminators. Bei Telekom-Chef Ron Sommer wird der Absturz von ISDN-TreiberInnen herbeigeführt, und die Kirche gegenüber kriegt multimediales Glockengeläut, das draußen niemand hört.

Ach, man könnte vieles machen! Die virtuelle Love Parade für die Raver als Screen-Background im Winter, sahnegefüllte Windbeutel für die Kollegen von der Bäckerblume – von China lernen heißt siegen lernen.

TAZ 17.10.1996

Der große Käsekuchen-Härtetest

«Yahoo! found 58 matches containing Käsekuchen». So steht es auf dem Bildschirm, und das ist doch schon mal was. Dem Excite-Summary zur Käsekuchen-Homepage der TU München ist zu entnehmen, daß man an der Form rütteln soll, um festzustellen, ob der Kuchen fertig ist. Wenn er wabbelt, muß er zurück in den Ofen. Und wenn der Kuchen zu schnell braun zu werden droht, wird die Form einfach mit Alufolie abgedeckt.

Die Suche nach dem Käsekuchen ist der Härtetest für Suchmaschinen und Internet-Verzeichnisse aller Art. Da sie sich durch Werbung finanzieren, konkurrieren sie heftig miteinander – schließlich geht es um die Anklickquote und damit um viel Geld. Sie werben mit Superlativen, mit der Katalogisierung von 50 Millionen Webpages. Aber ob ich auch exakt das finde, wonach ich gesucht habe, ist noch eine ganz andere Frage. Der von Lycos betriebene deutsche Netguide findet überhaupt keinen Käsekuchen und bietet mir stattdessen Käsegerichte an. Der Webcrawler findet sieben, Infoseek nur zwei, die Ultra-Variante immerhin 34. Nur Excite, Altavista und Yahoo! finden 58, die jedoch nicht ganz identisch sind.

Den besten Käsekuchen (mit Pflaumensoße!) gibt's eh im Berliner Gropiusbau-Cafe, und überhaupt – Tiramisu scheint deutlich beliebter zu sein. Das ist in den virtuellen Speisekarten und Kochbüchern 1466mal verzeichnet. Die Version mit Himbeeren dagegen nur dreimal, wobei die von Frank aus Kevelaer am besten geschmeckt hat – vermutlich lag's am Himbeergeist.

Aber wir testen keine Himbeergeister, sondern Suchmaschinen. Auch der seit Monaten bewährte Internet-Agent «Firefly» aus dem Massachussets Institute of Technology, den jetzt auch *Focus* als letzte Neuheit entdeckt hat, hilft mir nicht weiter. Nur wer ständig auf der Suche nach dem gleichen langweiligen Kram ist, wird sich dafür begeistern können. Aber Chaoten wie ich suchen doch jeden Tag etwas anderes.

In den USA hat man übrigens festgestellt, daß neben «sex» der Begriff «divorce» (Scheidung) am häufigsten gesucht wird, und Yahoo! meldet 12.130 Fundstellen. Das wundert mich nicht – wer nächtelang vor der Kiste sitzt, muß damit rechnen, daß es in der Ehe kracht. Und da Scheidungen nicht nur in den USA einen richtig arm machen können, sind Informationen begehrt. Die gelegentlich auftauchende Frage nach dem Familienstand beantworte ich schon seit Jahren mit einem kräftigen: «Nein, ich bin nicht verheiratet. Ich bin vernetzt, und das reicht mir völlig.»

TAZ 24.10.1996

Umsonst ist nicht mal der Tod

Manchmal gibt es Dinge, die man später bitter bereut. Auf Versäumnisse trifft das ganz besonders zu – wenn man einfach zu blöde war, dieses oder jenes zu tun und sich nun in den Hintern beißen möchte. Ein paar Jahre ist sie nun schon vergangen, jene verhängnisvolle Nacht, in der mich Marco, der für Computermagazine schreibt, von dieser öden Pressekonferenz eines ebenso öden Softwaregiganten in eine Kiezkneipe schleppen wollte, weil er unbedingt noch was anständiges trinken mußte. Nun gut, ich ging mit – obwohl mir der Prosecco durchaus zusagte. Schon leicht angetütert einigten wir uns auf einen irischen Whiskey namens Paddy. (Ich erwähne das nur, weil ich heute diesem Zeug die Schuld gebe. Es hat ein Aroma, das stark an Katzenpisse erinnert. Und wer Katzen haßt und kleine Kinder, kann ja bekanntlich so ein schlechter Mensch nicht sein.)

«Laß uns ein Geschäft machen,» schlug er vor. «Wir kratzen ein paar Mark zusammen, machen 'ne Liste von großen Firmen und melden deren Namen als Domain im Internet an.» Spinnt der? Was soll ich denn mit «www.bosch.de» oder «henkel.de»? «Heute wissen die noch nicht einmal, was das Internet überhaupt ist,» entgegnete er, «aber Du wirst sehen, irgendwann wollen sie alle rein und billig Werbung machen. Die ersten sind schon da.» Die Idee erschien mir so abstrus und das Zeug roch so grauenhaft, daß ich nicht weiter darüber nachdenken mochte. Das war ein großer Fehler, denn heute wird mit Domainnamen richtig Geld verdient. Beim «Deutschen Network Information Center» (DeNIC) kann man nämlich jeden beliebigen Domainnamen anmelden – vorausgesetzt, daß er noch frei ist. Die deutsche Suchmaschine «Dino» muß sich nur deshalb «dino-online.de» nennen, weil sich schon jemand anders den Namen reservieren ließ.

Reservierte, aber ungenutzte Namen können seit neuestem auf einer Online-Versteigerung oder zum Festpreis erworben werden (*http://www.domain-markt.de*). Wie wäre es mit «auto.de»? Das ist für nur 1000 DM zu haben und ein idealer Name für die Internet-Präsenz des Schrotthändlers aus der Vorstadt. Aber es gibt auch richtig teure Begriffe, und für die Vermittlung wollen die Betreiber 10 bis 20 Prozent.

Reinhard, Redakteur einer bekannten Lokalzeitung, war schlauer als ich: Er hat sich rechtzeitig die Domains «tod.de» und «abschied.de» gesichert (E-Mail: *think@tod.de*). Ich habe ihm vorgeschlagen, das doch mal online anzubieten. Vielleicht meldet sich ja das eine oder andere Bestattungsunternehmen oder ein Hersteller von Erdmöbeln. Aber er denkt nicht daran. Noch nicht…

TAZ 07.11.1996

Das Internet im Hühnerstall

Das haben alle schon erlebt, Kolumnisten und Literaten, Doktoranden und Informanten: den Horror vacui, die Angst vor dem leeren Bildschirm, vor dem man voller Verzweiflung sitzt und vergeblich auf den entscheidenden Strom der Gedanken durch das Gehirn wartet, den dringlich es in Worte zu fassen und aufzuschreiben gilt. Aber er will einfach nicht fließen, der Bildschirm bleibt leer. Das taz-Makro meines Textprogramms schleudert mir ein verächtliches «Hier klicken und Text eingeben» entgegen. Heute wird es vermutlich den Punkt nicht erreichen, an dem es nervig piepsen darf, wenn der Text die vorgegebene Länge zu überschreiten droht. Kein Wunder – heute gibt es nichts, was der kritischen Betrachtung wert wäre oder worüber es sich aufzuregen lohnte.

Oder liegt es an mir? Bin ich schon so abgestumpft, daß ich nur noch müde abwinke, wenn mir jemand eine Internet-Geschichte erzählen will oder wenn ein heißer Newsflash über den Browser braust? Soll ich darüber schreiben, daß neulich die millionenfach verteilte Werbemail eines Sex-Anbieters den T-Online-Dienst völlig lahmgelegt hat? «Shit happens» sagt ein amerikanisches Sprichwort, einfach so, und das ist noch nicht mal eine kurze Meldung wert. Aber angeblich soll es ja Zeitungen geben, denen es acht Seiten wert ist, wenn einer länger Bundeskanzler ist als sein Großvater.

Das FBI fahndet schon seit langem mit Hilfe des Internet nach den «most wanted». Nun fahndet auch das LKA Thüringen (*http://www.th-online.de/LKA/*) nach Ramona und Franziska, zwei Mädchen, die verschwunden sind. Das ist ausnahmsweise mal was Sinnvolles – also wieder nichts, worüber ich mich aufregen könnte. Meine Lieblingsfeinde vielleicht, Microsoft und die Telekom. Die einen haben wieder mal eine fehlerbereinigte Version des «Internet Explorer» herausgebracht, bei der wie beim letzten Mal ein paar sicherheitsrelevante Macken ausgebügelt wurden. Die anderen haben «genügend Reserven», die Online-Nutzungen machen nur 8 Prozent des Telefonverkehrs aus. In den USA sind es 15 Prozent, und Telefonkunden klagen immer häufiger über völlig überlastete Leitungen. Kein Wunder: Dort sind Ortsgespräche kostenlos, und der Internetanschluß ist vermutlich selbst im Hühnerstall eine Selbstverständlichkeit. Also muß das Telefonnetz mit 20 Milliarden Dollar ausgebaut werden. Aber hierzulande kaufen die Leute lieber wie die Hamster T-Aktien, statt mit massiven Protesten eine drastische Gebührensenkung zu bewirken. Aber das ist nun auch egal, gerade hat mein Makro gepiept.

TAZ 14.11.1996

Die Arroganz der Monopole

Mit dem Internet, so heißt es, läßt sich noch kein Geld verdienen. Erst in ein paar Jahren würden die Investitionen in Websites und Server mit schneller Standleitung Früchte tragen. Doch was für alle möglichen Branchen – vom Seifenhersteller bis zum Zeitungsverlag – gelten mag, gilt für ehemalige Staatsbetriebe mit Monopolstellung noch lange nicht. Zu deren Selbstverständnis gehört es, für online angebotene Dienstleistungen auch kräftig kassieren zu wollen. Daß sie sich das erlauben können, eben weil sie so konkurrenzlos sind, mag folgendes Beispiel zeigen:

Wer versucht, über T-Online, den Datendienst der Abzocker- und Stinkefinger-AG, eine Zugverbindung zu ermitteln, wird neuerdings kräftig zur Kasse gebeten. 30 Pfennig sind fällig – nicht für die Auskunft, nein, pro Minute! Telefon- und Online-Gebühren gehen extra. Wer eine langsame Leitung erwischt oder nicht schnell genug speichern kann, zahlt. Das ist ungefähr so, als würde Karstadt für die Auskunft, ob eine Unterhose in meiner Größe vorrätig ist, auch noch minutenweise Geld verlangen.

Nein, so geht es wirklich nicht – so etwas nenne ich schlicht eine Unverschämtheit. Das funktioniert doch nur, weil ausschließlich die Bahn AG Zugverbindungen anbietet und keine Konkurrenz in Sicht ist. Sicher, es gibt diese Zugauskunft auch für CompuServe- und germany.net-Kunden. Und der E-Mail Railserver der Uni Karlsruhe (*http://rail.rz.uni-karlsruhe.de/rail/rsask-d.html*) ist zwar gut, aber eben nicht offiziell und ein bißchen langsam.

Die Bahn AG sollte sich ein Beispiel an der schweizerischen SBB nehmen. Dort sind die Auskünfte für alle verfügbar. Sekundenschnell, kostenlos – und mit zusätzlichen Hinweisen auf eventuelle Umwege.

Die Telekom selbst scheint neuerdings lernfähig zu sein: Seit einige Firmen massiv Telefonauskünfte online und auf CD-ROM anbieten, ist die T-Online-Auskunft wieder kostenlos. Aber die Lufthansa, noch zu 36 Prozent in Staatsbesitz, ist jetzt völlig durchgeknallt. Neuerdings soll ich die Nummer der «Miles and More»-Karte und einen geheimen PIN-Code eingeben, wenn ich auf «InfoFlyway» klicke und nichts weiter als eine Flugauskunft haben will. Nein danke!

Online-Auskünfte aller Art haben für privatisierte Staatsunternehmen und andere nur einen einzigen Zweck – auch wenn die Nutzer das vor lauter Bequemlichkeit oft nicht sehen: Sie tragen dazu bei, Arbeitsplätze wegzurationalisieren und Kosten zu sparen. Und dafür soll ich auch noch Geld bezahlen? Ihr habt doch wohl 'ne Macke...

TAZ 21.11.1996

Keine Junk-Mail bitte!

«Bitte keine Werbung einwerfen!» Was beim Hausbriefkasten sogar manchmal funktioniert und einen davor bewahrt, mindestens die Hälfte des Inhalts ungeöffnet in die eigens dafür vorgesehene Tonne befördern zu müssen, gilt für das Internet noch lange nicht. Fast täglich kommen Mails von irgendwelchen Leuten, Organisationen oder Firmen, die fleißig Adressen einsammeln, Mailing-Listen zusammenstellen und die Netzwelt mit ihrem Quark beglücken.

Eine «Robinson-Liste», auf der man sich eintragen lassen kann, um davon verschont zu werden, gibt es zwar auch schon im Internet, jedoch hält sich niemand daran. Das beginnt bei harmlosen, aber nervenden Kettenbriefen, die mir ein fürchterliches Unglück prophezeien, wenn ich diese Mail nicht unverzüglich an sieben weitere Adressaten weiterschicke. Oder beim Lampenladen, der mir mitteilt, daß er jetzt diese tolle Homepage mit den Sonderangeboten hat. Der Gipfel der Unverfrorenheit ist jedoch der «Newsflash», den die Telekomnahe Zeitschrift COM! jeden Freitag an alle verschickt, deren E-Mail-Adresse bei «suchen .de» registriert ist. Um das abzubestellen, soll ich mich auf deren Server begeben und ein Paßwort (welches Paßwort?) eingeben.

Das ist erstens ein massiver Eingriff in mein Persönlichkeitsrecht und zweitens eine Unverschämtheit. Und so etwas wird auch noch von «Quelle» gesponsert. Das Herunterladen der Mail (jedesmal ein paar Kilobyte) und das Abmelden auf deren Server geht auf meine Kosten. Beim Fax ist so etwas schon lange verboten, aber mit uns glauben sie so etwas machen zu können.

Erstaunlicherweise scheinen viele der Junk-Mail-Verteiler meine Interessen, Vorlieben und Gewohnheiten genau zu kennen – obwohl ich mit dem, was ich online preisgebe, ziemlich vorsichtig bin. Aber CompuServe, AOL und andere haben ein genaues Benutzerprofil ihrer Kunden. Es kann kein Zufall sein, daß ich Werbemail von einem Musikversand bekomme, kurz nachdem ich mir ein paar Midi-Files mit Mozart-Sonaten heruntergeladen habe.

Leser-Mails sind immer willkommen, und die Verteiler-Mails der Online-Magazine MagNNet und trend lese ich ganz gerne, obwohl ich auch die nicht bestellt habe (huch, jetzt hab' ich schon wieder ein Profil verraten.) Für alle anderen gilt: Hört auf, mich zu molestieren! Mail, die nicht von Freunden, Kollegen oder Lesern kommt und um die ich auch nicht gebeten habe, fällt der DEL-Taste zum Opfer. Und mein Mailer fragt nicht, ob ich auch sicher bin.

TAZ 05.12.1996

Die Glocken des Grauens

Schrecklich, diese Zeit von Anfang Dezember bis zum Jahresendfest. Alle erwarten Weihnachtsgeschenke. Die Familie und die Lebensabschnittsgefährtin. Teuer sollten sie sein oder zumindest so aussehen. Auf jeden Fall originell und mit Bedacht ausgewählt.

Die Feiertage kann man ja ganz genüßlich im Bett verbringen – mit einem edlen Tropfen und einem guten Buch. Schlimm ist eigentlich nur der Einkaufsstreß davor, ganz besonders in den Fußgängerzonen und Kaufhäusern an den langen Samstagen. Überall, aus allen Ecken werde ich mit dem grausamsten Lied der Musikgeschichte berieselt: Jingle Bell, jingle all the way. Heerscharen von Frührentnern und Luftschnappern bahnen sich ihren Weg, ich mittendrin. Als hätten sie das ganze Jahr keine Zeit gehabt. Und ständig vergißt eine Großfamilie aus Niederschweineöde das Schrittemachen vor den Schaufenstern. Das führt zu peinlichen Zusammenstößen.

«Weihnachten wird abgeschafft: Josef hat alles zugegeben!» Dieser Traum von einer taz-Schlagzeile geistert mir schon seit Jahren im Kopf herum. Er wird wohl nie in Erfüllung gehen, aber im nächsten Jahr mache ich diesen Rummel nicht mehr mit. Ach was, letztes Jahr war das genauso, und das Jahr davor auch.

Online-Shopping im Internet – das ist die Lösung! Schön gemütlich daheim, bei einem Petit Rouge oder zwei. Marinierter Alligatorschwanz aus Louisiana, das wär' doch mal was! Aber das fällt bestimmt unter irgendein Artenschutzabkommen, und als aufgeklärter Bildungsbürger macht man so etwas nicht. Und bis das hier ist, haben wir Ostern. Also weiterklicken, deutsche Shopping-Sites suchen. Karstadt Online, aber das ist ziemlich wirr. Woanders kann ich günstige original Ray-Ban-Sonnenbrillen bestellen. Ist jetzt nicht die Jahreszeit. Ich hab's: Die CD-ROM vom Otto-Versand, Bestellung über T-Online. Das Installationsprogramm rödelt vor sich hin. Die Festplatte ist noch nicht ganz voll, der Surfer schon eher. Spießiger Plunder!

Was nun? Zurück ins Internet. Buch- und CD-Versender gibt's dort massenhaft. Aber das ist wieder nicht originell genug, schließlich haben wir schon ein Buch. Deutsche Versender scheinen nicht besonders phantasievoll zu sein.

Nur aus reiner Neugier klicke ich noch mal nach Amerika, doch schon packt mich das kalte Grauen: Jingle Bell – aus der Soundkarte, übertragen aus Kalifornien. Wenn es fertig ist, fängt es immer wieder von vorn an. Endlosschleife: Rechner aus, zurück in die Fußgängerzone!

TAZ 12.12.1996

Nichts als Vorsätze

Gute Vorsätze zum neuen Jahr taugen nichts. Spätestens nach einer Woche sind sie vergessen. Schon für 1996 hatte ich mir vorgenommen, endlich mit dem Klicken aufzuhören, um mehr Zeit für die erfreulicheren Dinge zu haben. Daraus wurde nichts, und das ist auch ganz gut so. Für 1997 habe ich deshalb keine besonderen Vorsätze gefaßt. Und auch das Rauchen werde ich nicht aufgeben. Natürlich werde ich weiter an meiner ersten Million basteln, aber dazu fällt mir immer nur Bert Brecht ein, der für die Dreigroschenoper folgenden schönen Vers schrieb: «Ja, mach nur einen Plan / Sei nur ein großes Licht! / Und mach dann noch 'nen zweiten Plan / Gehen tun sie beide nicht.»

Pläne gibt es in der Tat genug, vor allem im Internet, zum Internet und um das Internet herum. Und funktionieren tun sie auch nicht, meistens jedenfalls. So hat zum Beispiel CompuServe den Plan, ein besonders familienfreundliches Zusatzangebot namens WOW! zu etablieren, aus finanziellen Gründen wieder aufgegeben. So ist das eben mit den guten Vorsätzen. Dafür gibt's in den Ballungszentren schnelle X.75-ISDN-Knoten, Zugang zum Ortstarif von überall (langsamer, weil über die Telekom vermittelt) – und zum Jahreswechsel eine neue Software, die den Internet-Browser gleich eingebaut hat.

Aber Software-Updates gibt es auch von AOL und, ich glaub's fast nicht, von der Telekom! Den T-Online-Dienst haben sie jetzt in eine «Online Pro Dienste GmbH & Co. KG» ausgelagert. Das «Pro» im Namen ist sicher wieder nur ein guter Vorsatz zum neuen Jahr und zur Firmengründung. Das ernsthafte Bemühen um Besserung nehme ich ihnen erst ab, wenn der Kundenservice funktioniert und die Internetverbindungen genauso flott sind wie anderswo. Und überhaupt: Abgesehen von Leuten, die auf dem flachen Land wohnen und für die das Surfen über einen richtigen Provider dank der saftigen Telekom-Preiserhöhung vor exakt einem Jahr sehr teuer werden kann, ist doch nur das Homebanking am T-Online-Angebot interessant. Aber das soll ja nun – und auch das gehört zu den Dingen, die sich in diesem Jahr (vielleicht) ändern werden – in großem Rahmen auch über das Internet möglich werden. Wenn da bloß diese verflixten Probleme mit der Sicherheit nicht wären...

Aber was ist das Leben ohne Risiko? Langweilig! Interessant für Dauersurfer sind vielleicht auch die Rabatte, die die Telekom ab sofort auch Privatkunden einräumen will. Leider ist dieser Plan etwas undurchsichtig geraten, so daß man den Vorsatz fassen muß, in diesem Jahr einen T-Punkt-Laden aufzusuchen. Da gibt es das «City Weekend», an dem für fünf Mark zum Nachttarif telefoniert und gesurft werden kann. Oder «City Plus» für 24 Mark. Dafür bekommt man 400 Einheiten gutgeschrieben, die an fünf vorher festgelegte Rufnummern im Citybereich vertelefoniert werden können.

Sinnentleerte Worthülsen wie «Plus» und «Pro» gehören in der EDV- und Kommunikationsbranche zur hohen Kunst des Aufblähens. Man darf dem keine Bedeutung beimessen. Ich werfe deshalb den Vorsatz, keine Vorsätze zu fassen, über Bord und beschließe, ein bißchen Plus vom Körpergewicht abzutrainieren. Nach den feiertäglichen Freßorgien ist das im Moment das einzige, was wirklich Sinn macht.

TAZ 02.01.1997

Willkommen im Spam-Club!

Der Wahnsinn hat Methode und auch einen Namen: Spam! Der Begriff stammt, wie sollte es anders sein, aus dem Englischen und ist ein Kunstwort, eine Kurzform für spiced ham, Markenzeichen für Schinken in Dosen und Synonym für Junk food jeglicher Art. Und genau das ist es, was den Web-Traffic bis zur Weißglut erhitzt und die elektronischen Briefkästen verstopft – Junk food.

Wer kennt sie nicht, die berühmten Massen-Mails von mehr oder weniger wohlmeinenden Absendern, die vor einem per E-Mail verbreiteten Virus namens Good Times warnen. Schon beim Laden der Virus-Mail, so heißt es, wird unverzüglich die Festplatte gelöscht, zumindest aber wird der Monitor implodieren und dich dabei ernsthaft verletzen und dir den Anzug versauen.

Wenn es weiter nichts ist! Spam sind aber auch die versteckten Web-Kameras. Sie beobachten Damentoiletten, Seminarräume in Universitäten und Aquarien, in denen Piranhas schwimmen. Der Begriff «Web» bedeutet nicht nur «Netz», sondern auch «Schwimmhaut» – nützlich für den Schrecken vom Amazonas und Ganzkörperkondom zum Schutz des Surfers vor gefräßigen Fischen und Viren aus guten Zeiten! Auch das Modem ist nicht mehr das, was es früher einmal war. Schon die Bedeutung des Begriffs – wie «Spam» ein Kunstwort – hat sich geändert. Aus dem nüchternen «Modulator/Demodulator» ist ein gehässiger «Molestierer/Demolierer» geworden.

Oder habe ich wieder mal was verpaßt und sehe die Dinge völlig falsch? Ist «Spam» Ausdruck einer neuen Jugendkultur in England und den USA, die ihre Spielwiese im Internet gefunden hat, wo alles erlaubt ist – außer, daß irgend etwas irgendeinen Sinn macht? Die Klamauktruppe Monty Python pflegt ihren Spam-Club mit großem Erfolg (*www.Pythonline.com/spamclub/index.htm*), und was oberschlaue Computerzeitschriften als «supercoole Websites» anpreisen, ist nichts weiter als der reinste Spam. Der Engländer Matt Cawley hat ein paar sehenswerte auf seiner Homepage «Weird Shit!» zusammengestellt (*www.foobar.co.uk/users/macnet/weird/*). «Protect your cat from Kitty Porn», die Hautkrankheit der Woche und das Büro für vermißte Socken. Sogar eine «Church of Spam» gibt es (*www.goodnet.com/~swiggy/*), und John Strong hat einen Spam-Schrein ins Netz gestellt, auf dem auch die «Sounds of Spam» clickable sind (*www.research.umbc.edu/~jstron1/spam.html*). Damit verglichen ist die *Titanic* so harmlos wie die Zeitschrift der Barmer Ersatzkasse. Spam eben.

TAZ 09.01.1997

Wenn der Browser putscht

«Ich bin der Herr, dein Browser. Du sollst keine anderen Browser haben neben mir.» Wer sich sowohl den Netscape Navigator als auch Bill Gates' Internet Explorer auf die Platte tut, um die Vorteile des einen zu nutzen, ohne auf die des anderen zu verzichten, wird mit kuriosen Dingen konfrontiert. Je nachdem, welcher von beiden zuletzt installiert wurde: beim Start des anderen erscheint ein Windows-95-Meckerfenster. Es weist entrüstet darauf hin, daß der zuerst installierte Browser nun nicht mehr der Standard-Browser sei und daß ich ihn doch per Mausklick in den Stand desselben erheben möge. Sofort werde ich an Isnogud erinnert, den bitterbösen Großwesir, dessen einziges Bestreben es war, Kalif anstelle des Kalifen zu werden.

Natürlich kann ich diesen Kampf mit einem beherzten Klick im tiefsten Inneren des Systems beenden. Aber das ist nur der halbe Spaß, ich bin gespannt, wer gewinnt. Es sind verdammt harte Kämpfe, die sich die beiden in ihrem Hegemonialbestreben liefern. Manchmal gehen sie auch etwas unter die Gürtellinie, so daß ich mich frage, ob es überhaupt Regeln gibt. Wenn ich den Explorer-Cache durchforste, jenen geheimnisvollen Zwischenspeicher, der bereits angesurfte Websites auf der Platte ablegt, kommt es vor, daß die ausgewählte Site in Netscape geladen wird – obwohl der Explorer bereits läuft. Wenn es mir zu bunt wird, greife ich ein und bestimme vorübergehend einen zum Standard. Aber das ist gefährlich – wer weiß, welchen Unfug der andere dann wieder anstellt.

Über die Begehrlichkeiten der Browser kann sich der souveräne Surfer hinwegsetzen. Richtig schlimm wird es aber, wenn superschlaue Provider und Online-Dienste keine anderen Provider neben sich dulden und Netscape oder Explorer-Versionen verteilen, in denen die Daten für den Zugang und den Mailverkehr fest eingebrannt sind. Das ewige Karussell mit den verschiedenen Winsock-Versionen und Login-Scripts bekommt man mit etwas Übung durchaus in den Griff. Wer aber zum Beispiel den Uni-Account von zu Hause per Modem nutzen möchte und sich dafür eine Netscape-Version installiert, die von T-Online auf CD-ROM vertrieben wird, weil es so schön bequem ist, erlebt eine böse Überraschung: Bei der Installation werden lebenswichtige Internet-Systemdateien mit denen von T-Online überschrieben, und bei «Mail & News» sind die Telekom-Server eingetragen und können nimmermehr verändert werden. Auch eine Art, Kunden zu binden.

TAZ 16.01.1997

Surfen mit Rettungsring

Internet über Online-Dienste, das ist wie Surfen mit einem Rettungsring um den Bauch. Oder, wie es ein Kollege formulierte, wie Radfahren mit Stützrädern. Alles schön sicher und wohlbehütet, aber so richtig flott will es einfach nicht werden. Ob CompuServe, AOL oder T-Online – es ist überall das gleiche. Um eine Verbindung herzustellen, muß zuerst das Hausprogramm des jeweiligen Dienstes geladen werden. Es geht zwar auch einfacher, aber das ist den Usern mit dem gesunden Halbwissen vorbehalten.

Erst dann kann der Browser aktiv werden. Und die halbe Nation muß zu Weihnachten mit Modems, ISDN-Karten oder sogenannten Startpaketen beglückt worden sein, die jetzt nach und nach anfangen zu funktionieren. Seit Anfang Januar ist es beim Berliner CompuServe-Knoten zu bestimmten Uhrzeiten beinahe unmöglich, eine Verbindung zu bekommen. Besetzt. Wenn es ausnahmsweise mal klappt, dann ist die E-Mail nicht erreichbar, oder jedes Bit tröpfelt einzeln durch die Leitung. Selbst mit ISDN ist das nicht anders, die theoretisch möglichen 64 Kilobit pro Sekunde bleiben Wunschdenken. So etwas passiert, wenn alle zur gleichen Zeit anrufen – und täglich kommen neue hinzu.

Bei AOL soll es auch nicht besser sein. In Amerika wurde das Unternehmen schon auf Einhaltung des Werbeversprechens «Unbeschränkter Zugang» von einer Kundengemeinschaft auf 20 Millionen Dollar Schadensersatz verklagt. Nun will AOL 250 Millionen Dollar investieren, um die Kapazitäten auszubauen. Einen kleinen Teil der Summe will es sich von dem jugendlichen Hacker Nicholas Ryan zurückholen. Dieser hatte unter dem Namen «Happy Hardcore» das Programm «AOL4free» gebastelt, das beliebig viele Accounts mit jeweils zehn Freistunden generieren konnte. Ryan muß wahrscheinlich mit 250.000 Dollar Buße oder fünf Jahren Knast rechnen. Das ist hart, für einfachen Totschlag gibt es weniger.

Bleibt noch die Arbeitsgemeinschaft Telekomik (Telekom AG). Die ausgelagerte «Online Pro Dienste GmbH&Co.KG» hat mir per Mail mitgeteilt, daß sie die Januarabrechnung nicht schaffen und die angefallenen Gebühren auf die Februarrechnung setzen will. Ich schöpfe leise Hoffnung: Vielleicht schaffen sie auch das nicht und vergessen mich am Ende völlig. Wundern würde mich das nicht, und ich könnte, wenn auch im Schneckentempo und mit T-Rettungsring, kostenlos per ISDN in der Welt herumsurfen. Aber so ein Glück haben immer nur andere.

TAZ 23.01.1997

Nur immer feste druff!

Inzwischen sollte jeder Redakteur eines öffentlich-rechtlichen oder privaten Fernsehsenders wissen, was eine Homepage ist, eine E-Mail oder ein Chat - und gelernt haben, ein kleines bißchen zu differenzieren. Doch offensichtlich sind einige davon noch meilenweit entfernt. Als letzte Woche die schreckliche Meldung über ein Paar über die Bildschirme flatterte, das im oberbayerischen Rosenheim Kinder für «grenzenlose Sexspiele» in seinem schalldichten Folterkeller feilbot und auch bereit war, notfalls die Leichen gegen Aufpreis zu «entsorgen», hieß es, daß dies «im internationalen Datennetz Internet» annonciert worden sei.

Zu sehen war jedoch ein Computerbildschirm, auf dem offensichtlich ein Btx-Chat stattfand oder protokolliert wurde. Chats, Live-Unterhaltungen über Tastatur und Monitor, werden auch beim (veralteten) T-Online-Dienst Btx u.a. vom Dialogdienst «Atlantis» gegen Gebühr angeboten. Mit dem Internet hat das überhaupt nichts zu tun. Das bedeutet natürlich nicht, daß so etwas nicht auch über das Internet möglich wäre oder vielleicht sogar stattfindet. Aber hier war es T-Online, und seriöse Journalisten haben das auch so benannt. Natürlich kann man die Telekom nicht für das verantwortlich machen, was über ihre Datenleitungen läuft. Ein Briefträger ist auch nicht für den Inhalt der Post verantwortlich, die er transportiert. Und T-Online ist ein vergleichsweise sicherer Datendienst - so sicher, daß sogar Bankkunden ihre Geschäfte darüber abwickeln, weil angeblich jeder Teilnehmer, Sender und Empfänger, sofort identifiziert werden kann.

Oder waren die Fernsehbilder nur ein Fake, von Fernsehmachern eilig zusammengeschusterte Bilder, nur um mal wieder zu zeigen, wie schrecklich doch dieses Internet in Wirklichkeit ist? Kleine Nuancen in der Gewichtung der Meldung sprechen dafür. Für einige Sender stand nicht die Meldung selbst im Mittelpunkt, sondern der Umstand, daß es «im Internet» oder bei T-Online passiert ist.

Der Augsburger Journalist Detlef Drewes engagiert sich seit Jahren für dieses Thema. Die Drahtzieher, fand er heraus, rekrutieren ihr Material dort, wo die Not am größten ist: in Aussiedler- und Flüchtlingsheimen, der Dritten Welt und Osteuropa. Doch bei Polizei, Telekom und den Veranstaltern von Online-Sexdiensten stieß er oft auf taube Ohren. Und nun ist offenbar das Recht auf körperliche und seelische Unversehrtheit der Kinder auch einigen Fernsehmachern nicht mehr so wichtig. Hauptsache, das Internet kriegt eins drauf.

TAZ 30.01.1997